Bernd Häusler

# Neuseeland pur

E-Mails vom
schönsten Ende der Welt

Die Motorradreisebücher im
HIGHLIGHTSVERLAG

Fotos Titel

oben: Schotterpiste in den Southern Alps (Südinsel)
unten: Lake Rotoiti im Nelson Lakes National Park (Südinsel)

1. Auflage 2008

© 2008 by Highlights-Verlag, Euskirchen

Alle Rechte vorbehalten. Kein Teil dieses Buches
darf ohne schriftliche Genehmigung des Verlages vervielfältigt
oder verbreitet werden. Unter dieses Verbot fällt
insbesondere auch die gewerbliche Vervielfältigung per Kopie,
die Aufnahme in elektronische Datenbanken und
die Vervielfältigung auf CD-ROM.

Fotos: Bernd Häusler
Lektorat: Martin Schempp
Gestaltung: Sylva Harasim
Druck und Bindung: Ebner & Spiegel, Ulm

ISBN 978-3-933385-39-0

Bernd Häusler

# Neuseeland pur

## Anstelle eines Vorworts

Ein Mann beschloss ein Buch über berühmte Kirchen auf der ganzen Welt zu schreiben und begann damit in Amerika. In einer Kirche entdeckte er an der Wand ein goldenes Telefon mit einem Schild, auf dem stand: »10.000 Dollar pro Anruf«. Der Mann wurde neugierig und fragte den Priester, wofür das Telefon benutzt würde. Der Priester antwortete, das sei eine direkte Verbindung ins Paradies, und für 10.000 Dollar könne man mit Gott sprechen.

Der Mann dankte dem Priester und setzte seine Reise nach Australien fort. Dort sah er in einer Kirche dasselbe Telefon mit demselben Schild. Er fragte den Priester, und der antwortete, das sei eine direkte Verbindung ins Paradies, und für 10.000 Dollar könne man mit Gott sprechen.

Anschließend reiste der Mann nach Asien, Afrika und Europa und sah in jeder Kirche dasselbe goldene Telefon mit demselben Schild. Schließlich flog er nach Neuseeland, um nachzusehen, ob es dort ebenfalls ein solches Telefon geben würde. Und tatsächlich: In der ersten Kirche, die er betrat, sah er das Telefon. Doch diesmal stand auf dem Schild: 40 Cent pro Anruf. Der Mann war überrascht und fragte den Priester nach dem Grund für diesen niedrigen Preis. Der Priester lächelte und antwortete: »Mein Sohn, du bist in Neuseeland – es ist ein Ortsgespräch.«

**Von:** berndhaeusler@gmx.de
**Betreff:** Endlich angekommen!
**Datum:** 15. Juli 2005
**An:** hans-on-the-road@gmx.de

---

Lieber Hans,

jetzt bin ich also in Neuseeland angekommen. Wohne im Augenblick bei Betty und Keith, einem Rentner-Ehepaar aus der 1,3-Millionen-Stadt Auckland auf der Nordinsel. Über einen Freund hatte ich schon länger Kontakt zu den beiden und werde die nächste Zeit in ihrem schmucken Häuschen unterkommen.

Ein Jahr Vorbereitung hat's gebraucht, jetzt bin ich da. Der Traum wurde Wirklichkeit. »Wieso macht er das?«, wirst du dich vermutlich fragen. Tja, die Antwort darauf weiß ich selbst nicht so genau. »Eine lange Reise auf der Suche nach mir selbst« – vielleicht ein wenig zu dramatisch. Außerdem bleibt die bange Frage, was man bei der Suche nach sich selbst so findet. Dann eben die Erfüllung eines Kindheitstraumes. Okay ... aber von einem längeren Auslandsaufenthalt träumt doch irgendwann einmal jeder. »Ein Jahr Freiheit und Abenteuer auf dem Motorrad« – klingt zu sehr nach Zigarettenwerbung, ist aber schon nicht schlecht. »Flucht vor den Problemen mit dem schönen Geschlecht« – nein, das trifft es irgendwie auch nicht.

Wie auch immer: Sich einen solchen Traum zu erfüllen, ist nicht ganz so einfach. Es gibt da noch den sicheren, gut bezahlten Job, der einen am Aufbruch hindert. Oder die Zukunftsvorhersagen netter Menschen, die meinen, man würde diesen Job wegen irgendwelcher verrückter Hirngespinste hinschmeißen: »Vorbei ist's mit der beruflichen Zukunft.« »Am Hungertuch wirst du nagen.« »Im Winter ist's kalt unter der Brücke.« Und so weiter.

Aber »damned«! Wenn dieser Job nur noch ein Job ist, das Gehalt zwar steigt und steigt, irgendwie aber auch proportional dazu der Frust, dann muss man etwas tun. Völlig egal wie man das Kind schließlich nennt: Tun, was man tun muss – die Suche nach sich selbst – Erfüllung eines Lebenstraums oder sonst irgendetwas. Hauptsache raus!

Also einfach ein One-Way-Ticket nach Neuseeland kaufen und weg? Halt, halt, so schnell geht das nicht. Du weißt ja, ich bin Schwabe, und das verpflichtet. Wir sind ordentliche und penible Leut', machen jeden Samstag die Kehrwoche und waschen unser Auto. Und genauso planen wir auch eine große Reise. Das Jahr Vorbereitungszeit reichte mir gerade so. Erst musste ich mal meine Englischkenntnisse aufpolieren. Mit »I speak English very well, a bissle holperig, aber schnell«, kommt man ja nicht so sehr weit. Und ein wenig mehr, als nur in der Kneipe ein Bier zu bestellen, wollte ich schon können. Zum Beispiel am Stammtisch über Politiker schimpfen. Beim Sprachkurs gab es dann gleich eine ernüchternde Erkenntnis: Der Begriff »Stammtisch« existiert im Englischen gar nicht. Wo und mit wem werde ich also in nächster Zeit beim Bier zusammensitzen? Gibt es in Neuseeland überhaupt anständige Kneipen und anständiges Bier? Beunruhigende Fragen.

Viel wusste ich zu der Zeit über Neuseeland ehrlich gesagt nicht. »Herr der Ringe« mag ich nicht. Immerhin hatte ich mitbekommen, dass solche Filme in tollen Landschaften gedreht werden. Und wo es tolle Landschaften gibt, sind meist auch tolle Straßen zu finden. Die Wahl des Fahrzeuges fiel mir also nicht schwer: ein Motorrad.

Die nächste Frage lautete: Das eigene Motorrad mitnehmen oder eines in Neuseeland kaufen? Der Transport mit dem Flugzeug – klasse, aber zu teuer. Blieb die Verschiffung. Lange Dauer, aufwendige Vorbereitung. Und welchen Zirkus würden die Behörden veranstalten, bevor sie ein Motorrad aus Europa ins Land ließen? Berichte, die ich über dieses Thema las, klangen nicht sehr vielversprechend. Also doch vor Ort kaufen? Die Entscheidung fiel schließlich schnell und eindeutig: Die eigene BMW soll per Schiff mit. Ich kenne das Motorrad, das Motorrad kennt mich. Kinderkrankheiten gibt es nach 50.000 Kilometern keine mehr, und das an der BMW angebaute Zubehör wird in Neuseeland sicher nützlich sein. Letztlich ist mir die GS auf vielen Reisen in Europa und Nordafrika halt auch ziemlich ans Herz gewachsen. Ich weiß, dass es bedenklich ist, wenn die Leute anfangen, ihren Motorrädern Namen zu geben. So weit bin ich noch nicht. Aber vielleicht fällt mir ja jetzt in Neuseeland ein schicker Name ein.

Blieb noch die Sache mit dem Arbeitsvisum. Denn der sparsame Schwabe war in den letzten Jahren nicht ganz so sparsam. Bei den Kiwis wird es daher heißen: Nicht nur den abenteuerlustigen Traveller spielen, sondern auch malochen. Für junge Leute ist es relativ einfach, eine Arbeitserlaubnis zu bekommen, und im fortgeschrittenen Alter von 30 Jahren läuft man gerade noch so unter jung. Ich hatte Glück: Bis 30 kann man das ein Jahr gültige »Working-Holiday-Visum« beantragen. Ist eine clevere Sache von der Regierung: Junge Leute kommen so massenhaft ins Land, um einerseits die riesige Nachfrage nach Saisonarbeitern zu decken und andererseits das verdiente Geld im Land wieder mit vollen Händen auszugeben.

Ende Mai 2005 ging die GS schon sechs Wochen vor mir auf auf große Reise. Schön verpackt in einer Kiste im Lkw zuerst nach Hamburg, dann aufs Schiff. Auf Wiedersehen in Auckland/New Zealand.

Anfang Juli 2005 konnte es auch für mich losgehen. Die Wohnung war ausgeräumt, die letzten Abschiedspartys waren gefeiert. Erste Probleme schon am Flughafen in Frankfurt – das fing ja gut an. Die Campingausrüstung und andere schwere Sachen waren in der Motorradkiste. Trotzdem sprengte ich mit meinem Gepäck die 20-Kilo-Vorgabe. Also entschied der clevere Schwabe, in voller Motorradmontur mit dem Helm unterm Arm zu fliegen. Was man am Leib trägt, zählt schließlich nicht zum Gepäckgewicht. Was war ich doch für ein schlaues Kerlchen und gerade auf dem

Weg zu meinem großen Abenteuer. Gute Gründe also, um voller Glückseligkeit im Flughafengebäude umherzuschweben.

Doch holten mich die strengen Jungs am Check-In ziemlich unsanft von Wolke sieben auf den Boden der Tatsachen zurück. Ein Typ mit seltsamen Gewändern und einem Helm in der Hand – ich war verdächtig und wurde abgeführt. Spätestens jetzt blieb mir das Lachen im Hals stecken. Doch außer diesem ehemaligen Lachen steckte da auch wirklich nichts drin. Auch wenn mir der nette Mann mit den Gummihandschuhen den Hals noch so tief ausleuchtete. Er fand nichts, genauso wenig wie in den anderen Körperöffnungen. Danach wurde eine Fragestunde angesetzt. Wozu der Helm diene? Antwort: »Ich fliege immer mit Helm, weil ich dem Piloten nie traue.« An dieser Stelle, lieber Hans, ein praktischer Hinweis: Solche geistreichen Bemerkungen kommen bei Männern in dunklen Anzügen gar nicht gut an. Besonders, wenn diese Männer einen schlimmer Dinge verdächtigen.

Die Abflugzeit rückte näher, doch außer mir schien das keinen groß zu interessieren. Weshalb ich nur ein One-Way-Ticket hätte? Klar, dass der geizige Schwaben-Terrorist kein Return-Ticket kauft, wenn er das Flugzeug unterwegs sowieso in die Luft jagt. Diese Antwort lag mir zwar auf den Lippen, ich verkniff sie mir jedoch lieber. Stattdessen erklärte ich den Jungs langsam und ausführlich den Sinn und Zweck dieses Tickets, und irgendwann entließen sie mich. Gerade noch rechtzeitig, um die Stimme der freundlichen

Dame zu hören, die über Lautsprecher zu mir sprach. Ich sollte schnellstens zum Gate kommen, weil dort die anderen Passagiere schon auf mich warteten. Ich also mit Tempo zum Gate gerannt, wo die Stewardessen ihren Ärger unter einem professionellen Lächeln versteckten. Nicht so die anderen Passagiere. Ein bisschen mehr Respekt bitte ihr lieben Leute, schließlich könnte ich ein gefährlicher Terrorist sein.

So ein Flug ans andere Ende der Welt ist verdammt lang. Man muss mindestens 30 Stunden inklusive Zwischenstopps zum Beinevertreten durchhalten. Und sollte dazwischen möglichst viel schlafen. Das Schlimme daran: Das Unterhaltungsprogramm auf solchen Langstreckenflügen ist zu gut. Spielfilme, Musik, PC-Spiele – alles en masse am eigenen Bildschirm vorhanden. 9.00 Uhr Ortszeit war Landeanflug auf Auckland. Ich hatte zwar kein Auge zugetan, dafür aber den Highscore der meisten PC-Spiele verbessert.

Ehrfürchtig betrat ich neuseeländischen Boden. Endlich da. Was für ein Gefühl. Bevor ich vollends in Melancholie versank, scheuchte mich ein unfreundlicher Security-Typ aus der Ankunftshalle. Brav gehorchte ich, bloß nicht wieder unangenehm auffallen. Schließlich stand mir ja noch der Kampf mit der Einwanderungsbehörde bevor. One-Way-Tickets sieht man dort nämlich gar nicht gerne. Die Kiwis haben Angst davor, dass man während seiner Reise seine ganzen Ersparnisse verprasst und nach Ablauf des Visums kein Geld mehr für den Rückflug hat. Es soll Zeitgenossen geben, die bei der Einreise gezwungen wurden, ein Return-Ticket zu kaufen, sonst hätten sie sofort umkehren dürfen.

Ich beschloss, das Einreise-Prozedere locker anzugehen. Und siehe da: Der »Kampf« dauerte kaum eine Minute. So lange benötigte die etwas verschlafen wirkende Dame am Schalter, um einen gelangweilten Blick auf mein Visum zu werfen und meinen Reisepass mit einem dicken, fetten Stempel zu verschönern. Das Argument, ich hätte ja schließlich eine Luftmatratze dabei, um das Land notfalls auf dem Seeweg verlassen zu können, brauchte nicht eingesetzt zu werden. Ein Montag Vormittag scheint keine schlechte Zeit zu sein, um mit einem One-Way-Ticket nach Neuseeland einzureisen.

Einen langwierigen Einreisewettkampf in den Disziplinen Formularwahnsinn und Fragerei voraussahnend, hatte ich mich bei Betty und Keith erst für den frühen Abend angekündigt. Was also tun mit der gewonnenen Zeit? Obwohl in Neuseeland gerade Vormittag war, sagte mir mein auf mitteleuropäische Zeit eingestellter Körper, es sei mitten in der Nacht. Ich nahm einen gesunden Mittelwert und legte die Tageszeit auf frühen Abend fest – die ideale Zeit, ein Bier trinken zu gehen. Ich machte mich also mit dem Bus auf in die Stadt. 20 Kilometer sind es vom Flughafen bis zur City. Als ich aus dem Busfenster sah, war ich erst mal erleichtert: Die Vororte wirkten zwar ein wenig trist, doch sah ich überall kleine, nette Holzhäuser.

Warum das Begrüßungsbierchen nicht in der touristischen Hauptattraktion Aucklands trinken? Gute Idee. Auf zum Sky-Tower, dem mit 328 Metern höchsten Gebäude der südlichen Hemisphäre. Südliche Hemisphäre bedeutet unter anderem: Dieser Turm ist höher als jedes Bauwerk in Australien. Was ganz wichtig ist. Denn die Hassliebe zum großen Nachbarn wird seitens der Kiwis liebevoll gepflegt. Zum Beispiel mit Witzen bezüglich Intelligenz, Bierkonsum und Paarungsverhalten der Aussies.

Auckland empfing mich nicht gerade mit dem besten Wetter. Auf der Südhalbkugel ist ja im Augenblick tiefster Winter. Für Auckland bedeutet das: herbstliches Schmuddelwetter mit Temperaturen um zehn Grad. Und so stand ich mir nach dem Sky-Tower-Bier erst mal eine Weile fröstelnd und hundemüde vor Bettys und Keiths Haus die Beine in den Bauch, weil die beiden noch nicht zu Hause waren. Irgendwann war ich die Warterei leid und ging ein wenig die Umgebung erkunden. Castor Bay heißt dieser noble Stadtteil, benannt nach dem gleichnamigen Strandabschnitt. Auch hier leben die Menschen in Holzhäusern. Im Unterschied zu den Vororten handelt es sich jedoch um stattliche Gebäude mit zwei Geschossen. Hier und da mischt sich ein Ziegelhaus darunter. Ich war anscheinend in einer besseren Wohngegend gelandet.

Beim Umherschlendern sah ich einige Rohbauten, und bei deren Anblick blieb mir fast die Spucke weg: Diese Häuser werden in Holzständer-Bauweise gebaut. Wobei die Holzständer das Ausmaß von etwas zu groß geratenen Zahnstochern haben. Ich kann dir sagen, Hans: Jeder deutsche Statiker würde aus Gründen der Berufsehre bei einem solchen Anblick eine mittelschwere Herzattacke bekommen. Würde er dann noch wissen, dass Auckland und eigentlich das ganze Land Erdbebenregion ist, wäre eine zusätzliche Ohnmacht fällig.

An meinem ersten Tag in Neuseeland gab es Gott sei Dank kein Erdbeben. Dafür eine Sintflut. Vor der flüchtete ich beim Strandspaziergang in ein überdimensioniertes Toilettenhäuschen, in dessen Vorraum ich auf besseres Wetter wartete. Alle paar Minuten kam ein Kiwi herein und nahm sich die Zeit für ein Schwätzchen, bevor er sich dem eigentlichen Grund seines Kommens widmete. So kam ich zu den ersten netten Kontakten zu den Eingeborenen – und das auf dem Klo.

Irgendwann waren dann auch Betty und Keith zu Hause, und nach dem Abendessen galt mein Interesse vor allem dem gemütlich aussehenden Bett in meinem Zimmer. Puh, war ich kaputt! Ich schlief durch bis zum nächsten Abend. Gut dass Keith anklopfte und fragte, ob alles o. k. sei. Sonst hätte ich wohl auch noch das Essen verschlafen.

Herzliche Grüße vom Neu-Kiwi Bernd

**Von:** berndhaeusler@gmx.de
**Betreff:** Warten aufs Motorrad
**Datum:** 25. Juli 2005
**An:** hans-on-the-road@gmx.de

Lieber Hans,

das Jetlag ist inzwischen verschwunden und ich habe schon einige Ausflüge in die nähere Umgebung gemacht. Leider ohne meine BMW. Und das kam so: Die BMW sollte schon einen Tag vor mir ankommen. Tat sie auch. Ich wollte also zum nahen Hafen marschieren, meine Transportkiste aus dem Container holen, das Motorrad zusammenbauen und mich in den Sattel schwingen. So hatte ich mir das zumindest vorgestellt. Doch bisher läuft alles völlig anders. Die GS schlummert nämlich noch im Bauch eines großen Schiffes. MAF heißt die böse Behörde, die mir keinen Fahrspaß in Neuseeland gönnen will. MAF, Ministry of Agriculture and Forestry. Das sind die strengen Wächter, die den kleinen Inselstaat vor Viren und Bakterien aus Übersee bewahren. Besonders genau unter die Lupe genommen werden ins Land kommende Fahrzeuge. Absolut sauber müssen sie sein, kein Staubkörnchen darf nach Neuseeland eingeführt werden.

Sauberkeit ist nicht das Problem. Schließlich habe ich in Deutschland zwei Tage damit verbracht, die Maschine auf Hochglanz zu bringen. Du kannst mir glauben: So sauber glänzte die GS noch nie. Nein, es sind die Herren Inspekteure des MAF, die Schwierigkeiten machen. Sie arbeiten sich derzeit im Bauch des Schiffes ganz gemächlich von vorn nach hinten durch. Und dreimal darfst du raten, wo meine Kiste steht: Genau, ganz hinten.

Während ich aufs Motorrad warte, habe ich immerhin schon einige nützliche Dinge erledigt. Zum Beispiel die Eröffnung eines Bankkontos. Du glaubst es kaum, wie locker die Damen und Herren bei der Bank of New Zealand drauf sind. Das rein Geschäftliche war schnell erledigt. Danach blieb mir und meinem neuen Bankberater Scott genügend Zeit für einen regen Gedankenaustausch zu interessanten Themen wie Intimschmuck und anrüchige Internetseiten. Du fragst dich sicher, wie man nach einem so ernsthaften Vorgang wie der Eröffnung eines Girokontos auf solche Themen kommt? Ich weiß es nicht mehr. Schließlich wollte ich ja keinen Überziehungskredit. Da wäre man dem Thema beim Gedanken an Kondome ja schon recht nahe gewesen. Wie auch immer – es freut mich auf jeden Fall, dass mein Englisch schon gut genug ist, um auch über die interessanten Dinge des Lebens zu sprechen. Trotzdem werde ich ab nächster Woche nochmals die Schulbank drücken und einen dreiwöchigen Sprachkurs machen.

Übrigens habe ich herausgefunden, dass lange Strandspaziergänge zur Einstimmung auf dieses wunderschöne Land gar nicht schlecht sind. Vor allem weil ich ja noch nicht Motorrad fahren darf. Ich könnte dir jetzt erzählen, wie der warme, puderzuckerfeine Sand am Strand von Takapuna sanft meine Zehen umhüllt, während ich langsam der aufgehenden Sonne entgegenschlendere, die wie ein roter Feuerball über dem Ozean steht. Das wäre aber zu dick aufgetragen. Denn in Wirklichkeit ist es erstens viel zu kalt, um barfuß umherzuspazieren, und zweitens liege ich bei Sonnenaufgang in der Regel noch im Bett.

Gruß, Bernd


**Von:** berndhaeusler@gmx.de
**Betreff:** Studentenleben
**Datum:** 31. Juli 2005
**An:** hans-on-the-road@gmx.de

Lieber Hans,

ich bin jetzt Student in der Dominion English School von Auckland. Und als solcher kam ich mir erst mal ziemlich alt vor. Die Sprachstudenten aus der Schweiz, Japan und Südkorea sind alles Jungspunde, die in diese Schule gehen, bevor sie mit ihrem Studium loslegen. Aber was soll's – alle sind sehr nett zu mir und helfen mir gerne zum Beispiel beim Überqueren der Straße oder beim Beantragen einer Senioren-Busfahrkarte. Sehr aufmerksam, vielen Dank.

Wenigstens gibt es unter der Lehrerschaft noch ein paar Leute, die so alt sind, um zu wissen, dass

»Beatles« keine Autos aus dem Hause VW sind, sondern Musiker. Alyson, meine Paukerin, ist so jemand. Leidenschaftlicher Musik-Junkie und stolz darauf, die Beatles sogar live gesehen zu haben. Vor allem aber ist Alyson leidenschaftliche Bikerin. Im jungen Alter von 50 Jahren hatte sie mal einen Harley-Typen an der Angel. Mit dem ging sie als Sozia auf eine gemeinsame Tour durch Australien. Der Typ nervte wohl etwas, denn inzwischen gibt es ihn nicht mehr, sehr wohl aber einen Motorradführerschein inklusive einer kleinen Suzuki. Ihr Traum ist es, einmal selbst eine Harley zu fahren. Faszinierende Frau.

Da soll noch einer sagen, in der Schule lerne man nichts fürs Leben. Völliger Quatsch. Ich lerne hier nicht nur Englisch, sondern viele interessante Lebensweisheiten.

Erstens: Wir Deutschen sind Alkoholiker. Egal ob Chinesen, Japaner oder Koreaner – es ist erstaunlich, was die für ein Bild von uns im Kopf haben. Alle Deutschen rennen in Lederhosen herum und trinken jeden Tag literweise Bier aus Maßkrügen. John, der Chef der Sprachschule, setzt diesem Schwachsinn noch gerne eins drauf und erzählt jedem, der es hören will oder auch nicht, dass es auf der Herrentoilette im Münchener Hofbräuhaus extra ein Kotzbecken gebe. Ich habe keine Ahnung, ob das stimmt. John findet das auf jeden Fall sehr geschäftstüchtig. Denn man gebe den Besuchern so die Gelegenheit sich zu erleichtern, damit sie danach zwei weitere Liter des teuren Gerstensaftes in sich hineinschütten könnten.

Zweite Lebensweisheit: Wir Deutschen sind ein faules Pack. Meinem Nebensitzer Kota aus Japan erzähle ich lieber nichts von Gewerkschaften, die sich mit den Arbeitgebern wegen Beibehaltung der 35-Stunden-Woche oder Samstagsarbeit in der Wolle haben. Kota buckelt jeden Tag zwölf Stunden in einem Ingenieurbüro inklusive samstags und manchmal sogar sonntags. Das Ganze bei neun Tagen Urlaub im Jahr. Und die verbringt er dann in einem Sprachkurs, weil er Englisch für die Arbeit braucht. Ich merke mir gleich mal für die Zukunft: Keine Beschwerden mehr über die Arbeitsbedingungen in Deutschland.

Dritte Lebensweisheit: »Ich liebe dich« heißt auf Chinesisch »Wo ai ni«. Die chinesischen Mädels sind ganz verrückt danach, diesen Satz in möglichst vielen Sprachen sagen zu können. Also haben wir uns ausgetauscht. Klasse Menschen diese Damen und Herren aus dem Reich der Mitte, das kann ich dir sagen. Egal ob Männlein oder Weiblein – alles sind ungeheuer liebenswert und herzlich. Die muss man einfach gern haben.

Vierte Lebensweisheit: Unter Neuseelands Bikerinnen sind überdurchschnittlich viele Lesben zu finden. Das habe ich von Alyson. Ich solle mich daher bei den Mädels nicht allzu sehr bemühen, meinte sie, da ich mir ohnehin nur die Zähne ausbeißen würde. Fand ich interessant. »What about you?« fragte ich sie daraufhin und stellte fest, dass es in einer fremden Sprache wesentlich leichter fällt, freche Fragen zu stellen. Zuerst bekam ich einen erstaunten Blick, dann lachend die nachdrückliche Versicherung, sie sei nur an Männern interessiert. Die Frage nach dem Grund für die vielen Motorrad fahrenden Lesben konnte Alyson mir nicht beantworten. Vielleicht habe ich ja irgendwann noch die Gelegenheit, das im direkten Gespräch erschöpfend zu klären.

Gruß, Bernd (immer noch Fußgänger)


**Von:** berndhaeusler@gmx.de
**Betreff:** Glück gehabt
**Datum:** 3. August 2005
**An:** hans-on-the-road@gmx.de

Lieber Hans,

endlich ist es soweit: Die BMW ist frei. Die Inspekteure der MAF gaben vorgestern grünes Licht und veranlassten zum Schluss noch eine Begasung des Motorrades mit Bakterien tötenden Mitteln. Die arme Gummikuh – erst sechs Wochen beschwerliche Seereise und dann auch noch so was! Wie auch immer – ich fahre wieder Motorrad. Was für ein Gefühl! Das Ganze kostete mich jedoch noch einige Nerven. Der Hafen liegt zwar in Gehdistanz zur Schule, eine Selbstabholung war jedoch nicht möglich. Die Kiste mit der BMW sollte vielmehr in ein Lagerhaus weit außerhalb der Stadt transportiert werden. So was Unnötiges. Ein paar hektische Telefonate folgten, bis ich dem Zoll klar gemacht hatte, dass die Kiste doch bitteschön bei Betty und Keith abgeladen werden sollte. So hatte ich mit Keith jemanden bei mir, dem es Spaß machte, das Motorrad zusammenzubauen.

Die Kosten für eine solche Verschiffung berechnen sich übrigens hauptsächlich aus dem Volumen der Kiste. Mit ausgebautem Vorderrad und Demontage von Windschild und Spiegeln spart man einiges an Höhe. In der Breite hilft der Abbau des Lenkers, Geld zu sparen. Viel ist's aber nicht. Die breite Bauweise des Boxermotors beschränkt das Einsparpotenzial.

Ab sofort ist der Weg zur Sprachschule Fahrspaß pur. Wie du weißt, bin ich Landei aus Überzeugung und kenne imposante Skylines nach amerikanischem Vorbild nur aus Filmen. Jetzt fahre ich jeden Tag über die Harbour Bridge und habe einen phantastischen Blick auf eine solche Skyline. Die morgendlichen Staus Richtung City sind zwar geradezu apokalyptisch, aber meine Freude trüben sie nicht. Mit dem Motorrad ist es nämlich erlaubt, auf der Busspur am Stau vorbeizufahren. Im Prinzip zumindest. Denn heute Morgen hat mich ein Gesetzeshüter gestoppt und mich eines Besseren belehrt. Erlaubt ist das Vorbeifahren nur dort, wo die Busspur grün angepinselt ist. Seltsame Regeln.

Überhaupt die Cops. Nicht nur die Skyline Aucklands folgt dem amerikanischen Vorbild, auch die Polizisten tun es. Der von heute Morgen verfolgte mich mit einem Sirenengeheul, wie ich es nur aus amerikanischen Krimiserien kenne. Der schwergewichtige, sonnenbebrillte Cop kennt diese Serien wohl auch. Er wirkte ziemlich authentisch, wie er so bedrohlich auf mich zukam. Kaugummi kauen und gleichzeitig eine äußerst grimmige Miene ziehen, ist vermutlich nicht einfach. Ich wette, diese Jungs üben das daheim stundenlang vor dem Spiegel.

Unwissenheit schützt vor Strafe nicht – das gilt auch in Neuseeland. 200 neuseeländische Dollar waren fällig, etwa 110 Euro. Jetzt war guter Rat teuer, das kannst du mir glauben. Ich sah nochmal auf die Busspur vor mir. Doch dort war wirklich nicht der kleinste grüne Farbtupfer zu sehen. Nur langweiliges, hundsgewöhnliches Asphaltgrau. Gerade als ich darüber nachdachte, ob ich die Masche mit dem dummen Touristen bringen oder doch lieber auf Farbenblindheit plädieren sollten, rettete mich mein deutsches Kennzeichen. Bei dessen Anblick entspannten sich die Gesichtszüge des strengen Cops deutlich. Plötzlich erschien er mir gar nicht mehr wie das riesenhafte Ungeheuer von vorhin, sondern eher wie ein großer Teddybär.

Wow! Er war tief beeindruckt. Stand er doch vor einem Menschen aus dem Heimatland der Gummikühe, der seine eigene Maschine mit nach Neuseeland genommen hatte. Er selbst fahre auch eine BMW, meinte er, und ich müsse unbedingt beim nächsten Clubabend des BMWOR auftauchen. Bitte wo? Na beim BMWOR, beim BMW Owners Register of New Zealand, dem großen Club für neuseeländische BMW-

Fahrer. Hörte sich gut an. Bis bald also. Das eigentlich fällige Bußgeld erwähnte er selbstverständlich nicht mehr. Tja, Bernd Häusler im Glück.

In diesem Sinne, Bernd


**Von:** berndhaeusler@gmx.de
**Betreff:** Offroad-Paradies Waiheke
**Datum:** 8. August 2005
**An:** hans-on-the-road@gmx.de

---

Lieber Hans,

Neuseeland ist lang und schmal. Im Großraum Auckland gilt das ganz besonders. Der zum Pazifik gehörende Waitemata Harbour durchtrennt das Land fast vollständig, und die Landmasse bis zum Tasmanischen Meer im Westen ist gerade mal neun Kilometer breit.

Über die engste Stelle des Waitemata Harbour führt die gut einen Kilometer lange Harbour Bridge vom Stadtzentrum in den Norden Aucklands. Dieser imposante Stahl- und Betonkoloss wurde 1959 mit vier Fahrspuren fertiggestellt. Schon zehn Jahre später war die Brücke zu einem Parkplatz mit Aussicht verkommen – nichts ging mehr, totale Überlastung! Die Japaner waren schuld daran. Die hatten damals Neuseeland mit günstigen Importautos regelrecht überschwemmt und damit eine ganze Nation mobil gemacht.

Doch wer's versaut, muss es auch wieder richten. Also sorgten japanische Ingenieure 1969 für den Ausbau der Brücke auf acht Fahrspuren: Links und rechts hängten sie einfach Stahlkonstruktionen mit Platz für je zwei weitere Fahrspuren dran. Die heißen bei den Aucklandern »Nippon-Clip-ons«.

Jetzt gibt's jeden Morgen fünf Fahrspuren in Richtung Stadt und drei Spuren stadtauswärts. Am Abend ist es dann umgekehrt. Zur Trennung der Fahrtrichtung sind ineinander verzahnte Betonblöcke aufgestellt. Bislang habe ich mich immer gefragt, wie um alles in der Welt diese Dinger bloß verschoben werden? Gestern hatte ich das Glück, dieses faszinierende Schauspiel bei der Fahrt über die Brücke live zu sehen: Man benutzt dafür ein spezielles Fahrzeug, das die ineinander verzahnten Blöcke unter sich aufgreift und versetzt. Die Blöcke bewegen sich dadurch wie eine Schlange zum Rand der nächsten Fahrspur.

Es ist ein tolles Gefühl, jeden Tag mit Blick auf die Skyline Aucklands über die Harbour Bridge zu fahren. Noch besser ist es bei Nacht. Hinter der Brücke in die beleuchteten Häuserschluchten der City hineinzufahren und dabei das Gefühl zu haben, dass man von den Wolkenkratzern ringsum verschluckt wird, ist immer wieder faszinierend.

Zum sonntagnachmittäglichen Schaulaufen versammelt man sich am Tamaki Drive – das ist die Küstenstraße, die am Hafen entlang Richtung Osten die City verlässt. Dort führt der gut betuchte, aber alternde Kiwi-Casanova seinen Ferrari gassi und wird ab und zu von einem Café-Racer-Bike überholt, bei dessen Geräuschpegel jeder deutsche TÜV-Ingenieur leichenblass würde.

Wie du siehst, kenne ich mittlerweile die wichtigsten Verkehrsbereiche in Auckland schon ganz gut. Nun wollte ich die GS auch mal außerhalb Aucklands spazieren fahren. Waiheke, eine der vielen Inseln rund um Auckland, bot sich für einen Ausflug an. Die der Stadt vorgelagerten Inseln gehören zu den schönsten im Südpazifik – so ähnlich steht das in jedem Reiseführer. Da hat man doch sofort folgende Szenerie vor Augen: Etwas müde vom anstrengenden Nichtstun sitze ich im Schatten einer Palme an einem Traumstrand und blicke auf das türkisblaue Meer. Eine spärlich bekleidete Inselschönheit entsteigt den Fluten und kommt lächelnd auf mich zu ... Okay, soweit die Theorie. In der Realität, so der Reiseführer, hat Waiheke nichts von all dem, was wir uns unter einer Insel im Südpazifik vorstellen. Waiheke ist vor allem grün. Es gibt dort viel Schafzucht, außerdem wird Wein angebaut. Die BMW und mich interessierte jedoch vor allem die Schotterpiste, die angeblich 30 Kilometer entlang der Küste um die ganze Insel führen soll.

Auf der Fahrt zum Fährhafen bekam ich eine ungefähre Vorstellung davon, weshalb Auckland »Millionendorf« genannt wird und flächenmäßig zu den größten Städten der Welt gehört. Die Personenfähren legen normalerweise vom Hafen in der City ab. Nur die alte klapprige Autofähre Richtung Waiheke muss das aus einem unerfindlichen Grund zwanzig Kilometer außerhalb tun. Um den Verkehr in der City zu entlasten ganz sicher nicht. Denn selbst an einem sonnigen Sonntagnachmittag verlieren sich nicht mehr als fünf Autos und eine rote GS aus Deutschland auf dem Kahn.

Und diese rote GS fuhr bis hierher durch ein riesenhaftes Dorf. Genau. Dorf. Denn graue Reihenhaussiedlungen und lieblose Wohnsilos, diese typischen Erscheinungsmerkmale europäischer Großstädte, gibt es hier nicht. Außerhalb des Stadtzentrums bietet sich 20 Kilometer in jede Richtung dasselbe Bild: Einfamilienhäuser mit Vorgartenidylle. Fehlen eigentlich nur noch die Gartenzwerge. Eine Stunde brauchte ich, bis dieses Dorfungetüm hinter mir lag und ich den Fährhafen erreichte.

Waiheke hielt, was der Reiseführer versprach: Fahrspaß pur. Und zwar nicht nur wegen der atemberaubenden Aussicht von der Küstenstraße, sondern vor allem wegen des Untergrunds, den der TKC-80-Reifen unter die Stollen bekam: Auf Waiheke darf nach Herzenslust geschottert werden! Ich kenne das in Deutschland nur auf irgendwelchen Waldwegen, an der Grenze zur Illegalität, schlechtes Gewissen inklusive. Ich kenne das von Südfrankreich. Dort kann man die erlaubten Schotterstrecken jedoch mittlerweile mit der Lupe suchen. Und ich kenne das noch von Nordafrika. Doch dort ist es leider verdammt heiß, wie du ja selbst weißt.

Hier dagegen ist's einfach perfekt. Die griffige Piste führt immer wieder über feinsandige Strandabschnitte, die zu langen Drifts einladen. Das alles kann man ohne schlechtes Gewissen genießen, da legal. Gewöhnungsbedürftig ist es aber schon. Einfach so über die Strände zu brettern. Das verursacht beim ordnungsliebenden Deutschen erst mal ein heftiges Schuldgefühl. So etwas kann doch nicht erlaubt sein! Doch die vielen Fahrspuren, vor allem aber die Verkehrsschilder mit Geschwindigkeitsbeschränkung auf den Stränden, belehrten mich eines Besseren.

Auch die asphaltierten Straßen auf Waiheke sind ideales GS-Terrain. Schmale Wege, enge Kurven und viele Spitzkehren. Das sind zwar nicht gerade Bedingungen für ein flottes Tempo, aber danach war mir auch überhaupt nicht. Zu schön ist der Blick bis hinüber aufs Festland und auf die vielen kleinen Inseln in der näheren Umgebung.

Wie würdest du einem Nicht-Motorradfahrer die Faszination Motorrad beschreiben? Ich war nie besonders gut darin. Nach langatmigen Erklärungsversuchen blieben immer noch fragende Gesichter. Schlimmstenfalls mit einer Spur Mitleid versehen – der arme Irre fährt bei Wind und Wetter auf zwei Rädern, um Macho- und Männlichkeitsneigungen nachzugehen. Hier auf Waiheke könnten Skeptiker zumindest sehen, dass die Motorrad-Droge tatsächlich wirkt. Ich jedenfalls war nach diesem Spaßtag die Selbstzufriedenheit in Person und beendete meinen heutigen Waiheke-Ausflug in geradezu feierlicher Hochstimmung mit einem Glas Chardonnay in einem der stimmungsvollen Restaurants in den Weinbergen.

Zum Wohl, Bernd

**Von:** berndhaeusler@gmx.de
**Betreff:** Abenteuer-Camping am Meer
**Datum:** 15. August 2005
**An:** hans-on-the-road@gmx.de

---

Lieber Hans,

das Leben als Sprachstudent ist wahrhaftig nicht schlecht. In der Schule herrscht ein lockerer Umgangston, zum Unterricht gehört auch mal, einen Film anzuschauen oder in ein Museum zu gehen. Abends macht man gemeinsam die Stadt unsicher. Auf den Sky Tower steigen, ins Kino gehen, und ich sehe sogar mal wieder eine Disco von innen. »Jetzt kommen die Leute schon zum Sterben hier herein« – solche Sprüche musste ich zwar einstecken, aber es machte dennoch Spaß. Und alles in allem bin ich ja noch rüstig genug, um mich auf die Tanzfläche wagen zu können. Ja, sie sind schon zu beneiden, die vielen Sprachstudenten aus aller Welt, die dieses unbeschwerte Leben »sponsored by Daddy oder Oma« hier monatelang in vollen Zügen genießen. Für mich ist der Spaß jetzt vorbei. Es warten neue Erlebnisse.

Drei Wochen Sprachkurs haben meinem Englisch sehr gut getan. Ebenso wertvoll waren die herzlichen Kontakte zu Menschen aus aller Welt. Einige werden noch länger hier sein, und man wird sich in diesem Dorf namens Auckland bestimmt noch mal über den Weg laufen und gemeinsam ein Bier trinken. Für die Gruppe aus China war auch Schluss. Gute Wünsche für das weitere Leben in chinesischen Schriftzeichen auf Seidenpapier, aufwendig verpackte chinesische Souvenirs und Abschiedsbriefe in blumigen Worten auf edlem Papier – die Abschiedsgeschenke der Chinesinnen waren so liebevoll wie diese liebenswerten Menschen eben selbst sind. Ich hoffe, dass ich den einen oder anderen Kontakt halten kann.

School's out! Jetzt weiß ich wieder, wie es sich anfühlt, wenn die Sommerferien beginnen. Sommer ist zwar noch nicht in Neuseeland, aber Anfang August hängt immerhin schon ein Hauch von Frühling in der Luft. Und das heißt, dass das Thermometer schon mal bis auf 20 Grad klettert und die ersten Verrückten im Meer baden. Auch die Wettervorhersage fürs Wochenende war bestens. Also nix wie raus aus der Stadt. Hatte ich jemals befürchtet, in Neuseeland einsam zu sein? Nach drei Wochen Partylaune sehnte ich mich geradezu nach ein bisschen Einsamkeit. Deshalb packte ich meine ganzen Habseligkeiten aufs Motorrad, verabschiedete mich von Betty und Keith und zog los. Endlich raus aus dem Dunstkreis der Stadt und beim wilden Campen etwas Ruhe finden. So stellte ich mir das Wochenende vor.

In Deutschland habe ich die Schwäbische Alb und die Alpen vor der Haustür. Hier ist es westlich von Auckland das Henderson Valley und der anschließende Waitakere Ranges Memorial Park. Ein großes Waldgebiet mit feinen Motorradstrecken. Die Berge sind nicht spektakulär und würden vielleicht als solche durchgehen, wenn sie in Holland stehen würden. Die höchsten Erhebungen bringen es gerade auf 400 Meter. Trotzdem winden sich die kleinen Straßen sehr kurvenreich durch die Landschaft mit ihrer subtropischen Vegetation.

Richtung Norden öffnet sich das Land. Es wird flach, Kurvenspaß gibt es hier keinen mehr. Die Straßen sind schachbrettartig angelegt und führen durch riesige Weideflächen für Rinder und Schafe. Hier fiel mir zum ersten Mal auf, dass die Kiwis eine besondere Vorliebe für besondere Briefkästen haben. Die Einfahrten zu den abgelegenen Farmhäusern zieren Briefkästen in Form detailgetreuer Nachbildungen des Farmhauses, ausrangierter Bootsmotoren, alter Mikrowellen oder auch mal eines riesigen Bären, dem die Post ins Maul gesteckt wird. Wenn es dann doch mal ein normaler Briefkasten wird, dann ist der zumindest bunt bemalt oder bepflanzt.

Mein Ziel war eine Halbinsel an der Westküste. Über eine Länge von 50 Kilometern verläuft diese fast parallel zur Küste und endet an der Spitze an einem atemberaubenden Strand. Ein ideales und vor allem einsames Plätzchen für erste Campingfreuden in Neuseeland.

Mit viel Mühe quälte ich dort die voll beladenen GS durch den Sand zu einem schönen Plätzchen zwischen zwei Dünen direkt am Meer. Herrlich! Braucht es mehr, um glücklich zu sein, als ein einfaches Essen vom Campingkocher, ein paar Dosen Bier und ein Lagerfeuer? Da lag ich nun und genoss stundenlang den grandiosen Sternenhimmel. Genau so habe ich mir die entspannenden Momente in Neuseeland vorgestellt. Endlich weiß ich, wie sich die coolen Cowboys aus der Zigarettenwerbung im Kino fühlen, bevor sie vom Lungenkrebs dahingerafft werden.

Als passionierte Landratte hatte ich mir natürlich keine Gedanken zur Wahl meines Zeltplatzes gemacht. Oder über so unwichtiges Zeug wie Ebbe und Flut. Hätte ich aber besser machen sollen. Denn mitten in der Nacht riss mich plötzlich ein seltsames Blubbern aus den Träumen. Ein Blick aus dem Zelt bestätigte die düstere Vorahnung: Die Flut war verdammt nah. Genau genommen war ich schon völlig eingeschlossen und mein Zeltplatz zu einer kleinen Insel geworden. Das Wasser war nicht sehr tief, ich hätte jederzeit ans sichere Land waten können. Aber mit der schweren GS? Jetzt bekam ich Muffensausen. Zum Glück ging das Wasser bald wieder zurück, und ich konnte beruhigt weiterschlafen.

Die Kiwis haben übrigens ihre eigene Theorie, weshalb es Ebbe und Flut gibt: Es war einmal ein Australier hier, der im Meer baden wollte. Dieses erschreckte sich so, dass es sich sofort zurückzog. Und jetzt kommt das Meer alle paar Stunden zurück und schaut nach, ob der Australier noch da ist. Wär er nur daheim geblieben, der Aussie. Das hätte mir eine unruhige Nacht erspart.

Ein kluger Mensch – ich weiß nicht mehr wer, es muss aber eine Frau gewesen sein – hat mir einmal gesagt, der einzige Unterschied zwischen Männern und kleinen Jungs liege im Preis für ihr Spielzeug. Wie wahr. Einen großen Spielplatz hatte ich ja schon mal – der weitläufige Strand mit seinen tollen Dünenformationen. Das teure Spielzeug war die BMW. Und wieder einmal war der Spaß völlig legal. In der Karte waren nämlich gut 40 Kilometer am Strand entlang als 4-WD-Road ausgewiesen, als Four-Wheel-Drive-Road, also als Piste für Allradfahrzeuge.

Außer mir vergnügte sich nur noch eine Maori-Familie mit ihrem Geländewagen im Sand. Über Maori, die Ureinwohner Neuseelands, habe ich bislang nicht viel gewusst. Aber der Begriff Ureinwohner klingt ja schon wild und gefährlich. Und genau so hatten die in meiner Phantasie auch auszusehen. Doch diese unverschämten Menschen hier scherten sich keinen Deut um meine Vorstellungen und kamen ziemlich normal aussehend daher. Normal heißt in diesem Fall langweilig mitteleuropäisch mit südländischem Einschlag.

Wir gingen gemeinsam zum Muschelsammeln, und ich erzählte ihnen von meiner Enttäuschung über das fehlende wilde Aussehen. Mir wurde lachend erklärt, dass es gar keinen einzigen reinrassigen Maori mehr gibt. Die Maori haben Neuseeland vor gut 600 Jahren von südpazifischen Inseln aus besiedelt. Europäische Siedler kamen Ende des 18. Jahrhunderts nach Neuseeland. Beide Gruppen verstanden sich offensichtlich ganz gut und pflanzten sich fortan fröhlich untereinander fort. Offiziell Maori ist man heute schon mit lediglich 1/16 Erbanteil. Das wäre dann der Ur-Ur-Enkel eines reinrassigen Maori. Klar, dass da vom einst wilden Aussehen nicht mehr viel übrig ist.

Und so verflogen die Stunden in angenehmer Gesellschaft, bis es zu spät zum Weiterfahren war. Also verbrachte ich noch eine Nacht an meinem Strandabschnitt, der irgendwann wieder zur Insel wurde. Das herannahende Wasser beunruhigte mich diesmal jedoch nicht mehr. Dazu hatte ich nämlich keine Zeit. Ich war viel zu sehr damit beschäftigt, mein Zelt der Marke »Nachkriegsmodell« am Davonfliegen zu hindern.

Das kleine Neuseeland liegt doch recht einsam und allein im weiten Ozean und ist damit vor allem auf der Nordinsel ohne schützende Berge entlang der Küste allen möglichen Wetterkapriolen ausgesetzt. Zuverlässige Wettervorhersagen sind da eigentlich nicht möglich. Aber wenn so ein freundlicher Wetterfrosch im Fernsehen ein warmes und sonniges Wochenende ankündigt, dann mag man eben gerne daran glauben. Die Realität sah leider ganz anders aus. Das »warm und sonnig« prasselte ganz schön auf mein Zelt und bildete vor dem Eingang einen kleinen See. Wenn sich der Sturm nur endlich mal für eine Richtung hätte entscheiden können. Entweder drohte er das Zelt wegzufegen, oder er drückte mir die Zeltwände ins Gesicht.

Unterm Strich blieb also wieder eine wenig erholsame Nacht. Bis zum Morgen ließ der Sturm endlich nach, und ich konnte eine Regenpause nutzen, um die Schäden genauer zu begutachten: Mit einer geborstenen Zeltstange, die sich durchs Zeltdach gebohrt hatte, kam ich noch einigermaßen glimpflich davon.

Der einsame, unnahbare Biker zieht trotz Sturm und Regen unbeirrt über die Straßen. Die Anstrengungen seiner kräftezehrenden Tour stehen ihm ins Gesicht geschrieben, als er am Ziel lässig den Saloon betritt und einen Whisky ordert. Gerade das macht ihn so männlich und lässt die Frauen dahinschmelzen.

Hört sich gut an, passt aber wieder nicht ganz zur Realität. Ich kam nämlich ziemlich zerfleddert in Auckland an, und die Mädels von dem Backpacker-Hostel, in dem ich abstieg, schienen von der tropfenden und vor Kälte zitternden Jammergestalt, die da vor ihnen stand, nicht wirklich beeindruckt zu sein.

Zu allem Überfluss steckten die mich auch noch zu einem Italiener aus Neapel ins Zimmer. Na bravo, das musste ja ein Mafioso sein.

Er hieß Vincenzo und behauptete, er sei Meeresforscher und als solcher auf Forschungsschiffen unterwegs, um die Reiserouten von Tintenfischen zu erforschen. Was es nicht alles gibt. Aber das überzeugte mich noch nicht. Vielleicht beschäftigt die Mafia ja auch Forscher, die zum Beispiel an der Entwicklung eines besonders schnell bindenden Zements arbeiten. So ein Zement würde bestimmt erhebliche Vorteile bringen, wenn es darum ginge, die Beine säumiger Schutzgeldzahler in Beton zu gießen.

Vincenzo entpuppte sich schließlich als netter Kerl. Wir gingen abends in das Ristorante, in dem er gerade jobbte und saßen bei ein paar Gläsern Vino rosso und einem leckeren Tintenfisch zusammen, dessen Reiseroute auf meinem Teller ein würdiges Ende gefunden hatte. Als Italiener war Vincenzo selbstverständlich verpflichtet, Fußballnarr zu sein. Voller Begeisterung schilderte er mir den legendären Wutausbruch von Giovanni Trapattoni. Du erinnerst dich? Genau: »Strunz, was erlaube Strunz, spiele wie Flasche leer.« Bei uns erlangte das wohl vor allem wegen des gebrochenen Deutschs Berühmtheit. Aber warum in Italien? Vincenzo klärte mich auf. Der Name »Strunz« bedeutet im Italienischen etwa so viel wie »fuck you«. Na denn.

Ciao, Bernd


**Von:** berndhaeusler@gmx.de
**Betreff:** Jobsuche in Auckland
**Datum:** 20. August 2005
**An:** hans-on-the-road@gmx.de

---

Lieber Hans,

nach meinem Ausflug wurde es höchste Zeit, mir Gedanken zu machen, wie und wo ich meine Brötchen verdienen wollte. Drum blieb ich erst einmal in Auckland, weil die Jobaussichten hier am besten sind.

Neuseeland bedeutet viel Natur und endlose Weiten. Ich dagegen muss weiter in der Großstadt herumhängen. Trübe Aussichten? Keineswegs. Schließlich habe ich mit meiner künftigen Unterkunft einen Volltreffer gelandet. Ich wohne ab sofort bei meiner Ex-Paukerin Alyson im Osten Aucklands. Kohimarama heißt der Stadtteil. Wenn er diesen Namen hört, rümpft jeder anständige Aucklander erst einmal die Nase. Über die snobistischen Vororte im Osten, wo die feinen Damen ihren Tee mit abgespreiztem kleinen Finger trinken und ihre Sprösslinge mit überdimensionierten, sinnlosen Geländewagen täglich zur Eliteschule fahren und dort nachmittags wieder abholen. Die Etikette gibt dabei offensichtlich vor, dass man bei jedem Wetter eine Sonnenbrille tragen muss und auf jeden Fall zu zeigen hat, wie selbstbewusst und unnahbar man ist. Alyson passt nicht ganz in diese Schublade. Sie fährt mit dem Motorrad zur Sprachschule und trinkt statt Tee lieber Wodka-Lemon. Wir werden bestimmt eine tolle Zeit haben.

Alyson wohnt in einem gemütlichen Haus mit Katze, zum Strand sind es gerade mal 500 Meter, und um die Ecke gibt's eine deutsche Kneipe. Was will man mehr? Ach ja, da wäre noch eine Kleinigkeit: Ich bewohne nicht nur das Zimmer von Alysons Sohn, der kürzlich nach Venedig gezogen ist. Ich habe sogar bald das ganze Haus fünf Wochen lang für mich alleine, weil Alyson mit ihrem Partner Urlaub in Europa macht.

Knapp 2.000 Kilometer von der nächsten Landmasse entfernt, leben die Kiwis ziemlich isoliert am Ende der Welt. Gerade deshalb sind die meisten Menschen hier wohl so sehr an allem interessiert, was aus Übersee kommt. Wir bekommen das dann als typisch neuseeländische Gastfreundschaft zu spüren. Und die kann sich eben auch so zeigen, dass man einem eigentlich Fremden für ein paar Wochen sein Haus überlässt. Kaum zu glauben, findest du nicht auch? Bestimmt ließ sich Alyson von meiner durch und durch Vertrauen erweckenden Erscheinung beeindrucken. Okay, vielleicht wars auch nur mein Versprechen, dass ich die Zeit ihrer Abwesenheit nutzen würde, um ihrem Baby, der kleinen Suzuki, einen überdachten Parkplatz im Garten zu bauen.

Guter Dinge habe ich mich also erst einmal in die Jobsuche gestürzt. Der »New Zealand Herald« ist die große Tageszeitung in Auckland. Mittwochs und samstags gibt es da Stellenangebote satt. Ob Handwerker, Gärtner, Straßenkehrer, Banker, Buchhalter oder Darsteller für Pornofilme – alles wird gebraucht. Die Wirtschaft Neuseelands boomt, es herrscht quasi Vollbeschäftigung. Mehr noch, es herrscht sogar ein Mangel an Arbeitskräften, zum Beispiel in der Landwirtschaft oder in der Baubranche. Das musst du dir mal auf der Zunge zergehen lassen: Da sucht ein Land händeringend nach Arbeitskräften in fast allen Bereichen, um die boomende Wirtschaft anheizen zu können. Als deutscher Handwerker genießt man allerhöchstes Ansehen. Dem traut man zu, dass er außer Bier trinken und Sauerkraut essen auch noch schnell, gut und zuverlässig arbeiten kann. Ich glaube, es wäre gefährlich, sich als solcher zu erkennen zu geben, wenn man hier nur Urlaub machen will. Es könnte passieren, dass die einen nicht mehr gehen lassen.

Bedenklich ist vor allem der Mangel an qualifizierten Arbeitskräften. Bei ähnlich hohen Lebenshaltungskosten wie in Deutschland liegt das Lohnniveau um rund ein Drittel niedriger. Ingenieure, Wissenschaftler und Ärzte verlassen deshalb jedes Jahr zu Tausenden das Land Richtung Australien und USA.

Der ehemalige Premierminister Neuseelands kommentierte diese Entwicklung einmal so: »Jeder Kiwi, der das Land Richtung Australien verlässt, hebt den durchschnittlichen IQ beider Länder«. Heftiger Spruch. Sogar die hohen Tiere in der Politik erlauben sich Witze über den großen Nachbarn. Stell dir das einmal in Deutschland vor: Ein Regierungschef, der sich in dieser Form über ein Nachbarvölkchen lustig macht. Das wäre ein gefundenes Fressen für die Opposition und für den Regierungschef ein Garant für den vorzeitigen Ruhestand. Nicht so in Neuseeland, dort geht es selbst im ernsten Politikergeschäft locker zu. Die Opposition applaudierte damals übrigens: Endlich höre man aus dem Mund des Premierministers einmal etwas Sinnvolles.

Im neuseeländischen Wahlkampf fallen sogar die Hüllen. Bei der vor kurzem stattgefundenen Parlamentswahl galt alle Aufmerksamkeit dem kleinen

Wahlkreis Epsom im Herzen Aucklands. Hier kämpfte Rodney Hide, der Parteichef der Liberalen Neuseelands, einen scheinbar aussichtslosen Kampf um ein Direktmandat. Doch der redegewandte Hide strotzte nur so vor Selbstbewusstsein und lockte damit seinen eher biederen Widersacher Keith Locke, Parlamentsmitglied für die Grünen, aus der Reserve. Der ließ sich nämlich zu der Aussage hinreißen, dass er nackt durch Epsom rennen würde, sollte Hide das Direktmandat gewinnen. Nun gut, Hide gewann, doch die Begeisterung der Damenwelt von Epsom hielt sich in Grenzen. Der gute Keith ist nämlich nicht gerade ein Adonis. Allgemeine Erleichterung dann, als er sich elegant aus der Sache herauswand und mit einem Tangaslip bekleidet plus einem auf den Körper gemalten Anzug durch Epsom joggte.

Alte und neue Premierministerin Neuseelands blieb Helen Clark von der Labour Party. Ihr Herausforderer Don Brash von der National Party rückte Helen Clark dank einer aggressiven Werbekampagne jedoch ziemlich dicht auf die Pelle. Dass er ein paar Tage vor dem Wahltermin wie aus heiterem Himmel noch die »Spritkeule« einsetzte, war für meinen Geschmack etwas zu populistisch. Die hohen Spritpreise erregen nämlich derzeit die Gemüter in Neuseeland. Und auf diesen Zug sprang Don Brash mal eben auf, indem er für den Fall seiner Wahl eine spürbare Senkung der Benzinsteuer versprach. Wie er das finanzieren wollte, verriet er zwar nicht, aber es bescherte ihm viele Stimmen bislang unentschlossener Wähler. Erregt sind die Gemüter übrigens wegen aktuell rund 0,80 Euro für den Liter Normalbenzin. Na, wenn die von den Preisen an Deutschlands Zapfsäulen wüssten ...

Eine Frau als Regierungschefin passt sehr gut ins Bild der starken Frauen in Neuseeland. Ein Drittel aller Parlamentsmitglieder sind Frauen, und in kaum einem anderen Land gibt es so viele Frauen in Führungspositionen wie in Neuseeland. 1893 räumte Neuseeland als erstes Land weltweit den Frauen das Wahlrecht ein.

Aber zurück zur Jobsuche. Warum einfach wenn es auch kompliziert geht – ja ich weiß, so kennst du mich, und das war auch auf der Jagd nach Arbeit mein Motto. Von A nach B, von Pontius zu Pilatus, von Albany im Norden Aucklands bis nach Manukau im Süden. Ich war überall auf der Suche nach einem Job, und nichts war mir gut genug. Die normalen Gehälter in Neuseeland sind aber auch unglaublich niedrig. Daran muss man sich als gut bezahlter Banker erst einmal gewöhnen. Wenn mir der Typ von der Tankstelle 8 NZ-Dollar oder umgerechnet 4,50 Euro pro Stunde bietet, damit ich an seiner Tankstelle eine 12-Stunden-Nachtschicht schiebe, dann ist das nicht gerade prickelnd. Für ein paar Cent mehr hätte ich Friedhofsgärtner werden können. Das habe ich mir lange überlegt. Es wäre schon ein steiler Karrieresprung gewesen, plötzlich 500 Leute unter mir zu haben.

Als Lastwagenfahrer wäre das Gehalt in Ordnung gewesen. Ich hatte aber überhaupt keine Lust auf eine

Sechstagewoche bei zwölf Stunden täglich im Lkw.

Nach einer Woche war ich dann soweit, das zu machen was ich gelernt habe. Bei einer Bank müssten Gehalt und Arbeitszeit eigentlich stimmen.

Jobs in qualifizierten Berufen werden in Neuseeland fast ausschließlich über Jobagenturen vergeben. Nach einer weiteren Woche hatte so ziemlich jede dieser Jobagenturen in Auckland meine Bewerbungsunterlagen. Außerdem lernte ich in der Zwischenzeit, dass die immer perfekt gestylten und dauerlächelnden Damen am Empfang äußerst wichtig sind. Sei nett zu denen, versprühe deinen Charme – ja ich kann das, wenn ich will – und sie werden deine Bewerbungsunterlagen an die richtige Person weiterleiten.

Und genau das tat eine der Damen, versehen mit einem kleinen Zettelchen, auf dem stand, dass ich nett und mein Englisch gut sei. Ich war noch immer damit beschäftigt, Charme zu versprühen, als jemand aus dem Büro gestürmt kam und mich an sich drückte – Jo-Anne, die amerikanische Chefin dieser Nobelagentur. Irritiert ging ich gedanklich schnell den Wortlaut meiner Bewerbung durch. Hatte ich etwas Anzügliches geschrieben, was Frau missverstehen könnte? Nein. Jo-Anne knuddelte mich wegen meines Geburtsortes. Illertissen, dieses beschauliche Nest in der Nähe von Ulm, in dem die größte Attraktion des Jahres der Jahresball des Kleintierzüchtervereins ist. Und genau dort lebte Jo-Anne ein paar Jahre mit ihrem deutschen Ex-Mann. Und so saß ich plötzlich in ihrem

Luxusbüro in der 23. Etage eines Wolkenkratzers mit phantastischem Blick über das Hafengelände und unterhielt mich mit Jo-Anne über die besten Kneipen in Illertissen und Umgebung. Nicht zu fassen.

Jo-Anne hatte ihre sichtbare Freude mit mir. Sie kannte noch allerlei deutsche Redensarten, die sie mir vergnügt und mit heftigem amerikanischen Akzent vortrug. Und sie glaubte, mir innerhalb der nächsten drei Monate einen gut bezahlten Bankjob besorgen zu können. Das war doch mal eine Aussage.

Und wenn es läuft, dann läuft es eben. Einen Übergangsjob bis zum Antritt meiner Karriere als Kiwi-Banker hatte ich nämlich noch am gleichen Tag in der Tasche. Ich hatte mich in einem Industriegebiet in der Nähe des Flughafens nach einem Job als Lkw-Fahrer umgesehen. Zwischen riesigen Lagerhallen und hässlichen Fabrikgeländen lag da eigentlich völlig fehl am Platz ein Weingut inmitten eines riesigen, parkähnlichen Anwesens. Eigentlich herrscht im Augenblick nicht gerade Hauptsaison in den Weinbergen. Aber hier war gerade eine ganze Gruppe Inder damit beschäftigt, Weinreben zurückzuschneiden. Ob die mal nicht einen jungen, dynamischen Deutschen als Oberaufseher brauchten?

In knapp fünf Minuten war die Sache geritzt. Bei Mary von der Rezeption konnte ich nicht mal ansatzweise meinen Charme versprühen. Sie zerrte mich einfach schnurstracks zu Andy, dem Manager der Außenanlagen auf dem Weingut. Der fragte mich nach einer gültigen Arbeitserlaubnis und bat ansonsten darum, dass ich nächsten Montag pünktlich um 7.30 Uhr hier sein sollte. Das wars. Das Gehalt liegt mit 12 NZ-Dollar, etwa 6,50 Euro, die Stunde auf landesüblichem Niveau für Arbeiter. Ab nächster Woche werde ich also Mädchen für alles sein bei Villa Maria Ltd., dem größten in Privatbesitz befindlichen Weingut Neuseelands.

Was ich über Wein weiß? Es gibt Weißwein, Rotwein und manchmal auch Rosé. Trinkt man mehr als eine Flasche am Abend, dann brummt der Schädel am nächsten Tag. Das sind grob zusammengefasst meine aktuellen Kenntnisse über Wein. Daran wird sich aber hoffentlich bald etwas ändern. Und da ich ein fleißiger Mensch bin, habe ich noch gestern Abend angefangen zu lernen und mich zusammen mit Alyson durch das Sortiment von Villa Maria getrunken.

Übrigens habe ich, der von den Tarifen des öffentlichen Dienstes verwöhnte Banker, mal nachgerechnet. Durchschnittslohn hin oder her – auf eine 40-Stundenwoche hochgerechnet, würde es zirka 147 Jahre dauern, bis ich hier meine erste Million zusammen hätte. Neuseeland ist definitiv kein Land, in das man kommt, um reich zu werden. Als Facharbeiter kann man es zwar auf 1.800 Euro brutto bringen, aber auch damit wird man bei vergleichbaren Lebenshaltungskosten wie in Deutschland kein Rockefeller. Da ist es wenigstens tröstlich, dass die gesetzlichen Abzüge überschaubar sind, denn mit einer von der Höhe des Einkommens abhängigen Einkommensteuer ist alles getan. Und selbst bei der ist der Staat nicht besonders gierig: Bei einem Jahreseinkommen bis rund 20.000 Euro gilt ein Steuersatz von nur 19,5 Prozent. Sonst wird nichts abgezogen, niente, nothing. Keine Krankenversicherung, eine Pflegeversicherung schon gar nicht, keine Arbeitslosenversicherung, keine Rentenversicherung und keine Kirchensteuer.

Das alles ist erst mal erschreckend für jemanden, der es gewohnt ist, dass sich Vater Staat mittels einer Flut von Gesetzen um alles kümmert. Versicherungen für Auto, Rente oder Krankheit müssen die Kiwis ohne staatliche Verpflichtung selbst in die Hand nehmen. Wer im Bedarfsfall nix hat, der hat eben Pech gehabt. So sieht es zumindest die Kiwi-Mentalität. Nur Unfallverletzungen werden auf Staatskosten behandelt. Das gilt übrigens auch für Touristen.

Jetzt das Positive: Private Krankenversicherungen mit Erstattung aller Kosten sind schon ab 50 Euro monatlich verfügbar. Und auch ohne Einzahlungen in eine staatliche Rentenkasse gibt's für alle Kiwis ab dem 65. Lebensjahr eine staatliche Rente. Die beträgt für einen Alleinstehenden rund 500 Euro, und davon leben hier sehr viele Menschen. Auch wer keinen Job hat, muss in Neuseeland nicht verhungern, er lebt »on the dole«, von der Sozialhilfe. Die fällt mit rund 400 Euro monatlich für einen Alleinstehenden allerdings nicht besonders üppig aus und wird sofort komplett gestrichen, falls der Bezieher eine angebotene Arbeitsstelle ablehnt. Du siehst, wir Deutschen sind ganz schön verwöhnt.

Verwöhnte Grüße, Bernd

**Von:** berndhaeusler@gmx.de
**Betreff:** Der schönste Arbeitsplatz der Welt
**Datum:** 25. August 2005
**An:** hans-on-the-road@gmx.de

Lieber Hans,

locker und unbeschwert habe ich dir in der letzten E-Mail meine Jobsuche geschildert. Wie du dir denken kannst, war das in der Realität nicht immer so. Ohne jegliches Einkommen nur von seinen kargen Ersparnissen zu leben, ist für einen spießigen Banker ein ziemlich bedrückendes Gefühl. Entsprechend erleichtert war ich über die Jobzusage bei Villa Maria. Den Rest meiner vorerst letzten arbeitsfreien Woche konnte ich dadurch ziemlich relaxed genießen. Es wird langsam Frühling in Neuseeland, und die Temperaturen sind mild. Also habe ich die Zeit für ausgedehnte Spaziergänge am Strand von Kohimarama genutzt und mich mal näher mit meiner Heimatstadt auf Zeit befasst.

In Auckland gibt es viele schöne Stellen, von denen aus man eine tolle Aussicht genießen kann. In erster Linie natürlich von der Aussichtsplattform des Sky Towers, denn der überragt alles. Der Sky Tower ist der Touristenmagnet schlechthin in Auckland. Daher erfolgt hoch oben auf knapp 300 Meter Höhe eine Dauerbeschallung in verschiedenen Sprachen. Mit genussvoll die Aussicht genießen ist da nicht viel. Von den 20 NZ-Dollar Eintrittsgeld mal ganz abgesehen, die man für die Fahrt mit dem Lift berappen muss.

Dann lieber auf einen der umliegenden Wolkenkratzer fahren. Aber auch dort kommt man nicht so ohne weiteres in obere Etagen mit schönen Aussichten. Ich wüsste da zwar eine bestimmte Örtlichkeit, aber da würde mich wahrscheinlich eine leicht verrückte Amerikanerin daran hindern, in Ruhe die Aussicht zu genießen, weil sie mich ständig abknutschen wollte.

Also doch einen der 48 erloschenen Vulkane besteigen, auf denen Auckland erbaut ist. Auf einige der höheren Vulkankegel führen Straßen. Und wenn nicht gerade ein Bus eine Ladung japanischer Touristen ausgespuckt hat, sitze ich da oben ganz gerne im Gras und genieße in aller Ruhe die Aussicht über die Stadt. One Tree Hill, Mt. Eden und Mt. Victoria heißen die bekanntesten Vulkane, nach denen auch Stadtteile benannt sind.

Eine interessante Geschichte hat der One Tree Hill. Auf diesem knapp 200 Meter hohen Vulkan steht nämlich sinnigerweise kein einzelner Baum, sondern nur ein steinerner Obelisk. Das war nicht immer so. Ursprünglich besiedelten die Maori den One Tree Hill. Reste von Wällen, Terrassen und Gruben, welche die Maori angelegt hatten, um sich gegen feindliche Stämme zu verteidigen, kann man heute noch sehen. Schon Anfang des 17. Jahrhunderts stand angeblich ein einzelner Baum auf dem Gipfel, um den sich heute einige Mythen und Legenden ranken. Nur so lange der Baum steht, werden Maori und Pakeha friedlich zusammenleben, so die Legende. Pakeha ist der Maori-

Begriff für bleichgesichtige Europäer und in Neuseeland allgemein gebräuchlich.

Ein paar dieser Pakeha, denen nichts an einem friedlichen Miteinander lag, fällten den Baum 1852 kurzerhand. Danach war es immer dasselbe Spiel: Die Stadtoberen pflanzten einen neuen Baum auf den Gipfel, der kurz darauf in einer Nacht- und Nebelaktion wieder gefällt wurde. Bis ins Jahr 2000 ging diese Art Volkssport. Gab es zum Beispiel eine Gruppe von Aktivisten, die auf die vom Aussterben bedrohten nackten weißrussischen Zwerg-Eichhörnchen aufmerksam machen wollten, kamen sie auf die Idee, den Baum auf dem One Tree Hill zu fällen, um auf das eigenen Anliegen aufmerksam zu machen. Zuletzt wuchs dort oben eine Pinie, die mehreren Kettensägenanschlägen heroisch widerstand. Im Oktober 2000 wurde sie dann offiziell wegen Umsturzgefahr gefällt, und seither gibt es keinen Baum mehr auf dem One Tree Hill.

Die irischen Rocker U 2 haben dem Berg übrigens zu einer gewissen Berühmtheit verholfen. Der Megahit »One Tree Hill« wurde in Erinnerung an den Tod eines neuseeländischen Bandmitgliedes geschrieben.

Auckland ist mit über 1,3 Millionen Einwohnern – rund einem Drittel der Landesbevölkerung – die mit Abstand größte Stadt des Landes. Die Gegend um Auckland wurde bereits um 1350 von Maori besiedelt und damals »Tamaki-makau-rau«, Stadt der 100 Liebenden, genannt. Auckland war kurzfristig Hauptstadt des Landes, bevor 1862 Wellington dazu ernannt wurde. Die geografische Lage in der Mitte Neuseelands sprach eben für Wellington.

Anfang des 20. Jahrhunderts stieg Auckland zur Großstadt und zum Wirtschaftszentrum des Landes auf. Heute ist es die Heimat für Menschen aus vielen verschiedenen Kulturen. Ein Großteil der Bewohner hat europäische, vornehmlich britische Vorfahren. Die meisten Einwanderer stammen heutzutage jedoch aus Asien. Viele Einwohner aus den paradiesischen Inseln der Südsee kommen ebenfalls nach Neuseeland. In keiner anderen Stadt der Welt leben daher so viele Polynesier wie in Auckland.

Niemand in Neuseeland – außer den Aucklandern selbst – mag Auckland. Offensichtlich zu Unrecht. Denn laut einer Studie bietet Auckland unter allen Großstädten der Welt die fünfthöchste Lebensqualität. Ist das nicht erstaunlich? Diese Stadt am Ende der Welt folgt dicht hinter wohl klingenden Städtenamen wie Zürich, Genf, Vancouver und Wien.

Wie auch immer: Für mich hat der Ernst des Lebens begonnen. Ich arbeite bei Villa Maria und kann schon nach ein paar Tagen sagen, dass das ein absoluter Glücksfall ist. Die Firmenzentrale hier in Auckland ist nigelnagelneu. Umgerechnet rund 17 Millionen Euro hat der Inhaber George Fistonich in das neue Gelände und den modernen Neubau gesteckt. Die ganze Verwaltung ist hier, dazu kommen großzügige Räumlichkeiten für externe Veranstaltungen aller Art. In der angrenzenden Produktionshalle ist eine Abfüllanlage mit modernster Technik in Betrieb.

Ich arbeite jedoch in einem anderen, dem schönsten Bereich der Firma: draußen in den Weinbergen. Das gesamte Gelände umfasst 40 Hektar und liegt eingebettet in einem Vulkankrater. An dessen Hängen werden die urdeutschen Rebsorten Riesling und Gewürztraminer angebaut, während in der Ebene in langen Reihen die Franzosen Chardonnay, Sauvignon Blanc und etwas Merlot wachsen. Die Anbaufläche umfasst rund 10 Hektar, was gerade mal 1,5 Prozent der gesamten Anbaufläche der Firma in Neuseeland entspricht. Die meisten Weinberge liegen vor allem in der Weinbauregion Marlborough im Norden der Südinsel. Die dortigen Weißweine sind von höchster Qualität, und vor allem den Sauvignon Blancs aus Marlborough sagt man nach, zu den besten der Welt zu gehören.

Rotweine wachsen in der Hawke Bay, einer Region an der Ostküste der Nordinsel. Das milde, trockene Klima dort und das an Mineralien reiche Vulkangestein sorgen für gute Qualität. Der Pinot Noir von Villa Maria aus der Hawke Bay wird Jahr für Jahr als der beste Neuseelands prämiert. Aber nicht nur der Pinot Noir räumt Preise ab: Kein anderes neuseeländisches Weingut wird mit mehr nationalen und internationalen Preisen ausgezeichnet.

In den Hauptanbaugebieten in Marlborough und in der Hawke Bay wird jeder Quadratmeter als Rebenfläche genutzt. Hier in der Zentrale hingegen legt man mehr Wert darauf, etwas fürs Auge zu bieten. Die Anbauflächen nehmen nur ein Viertel des Gesamtgeländes in Anspruch, der Rest ist parkähnlich angelegt mit gepflegten Rasenflächen, Bäumen und Sträuchern sowie einem künstlichen See. Villa Maria bietet damit die perfekte Location für Veranstaltungen namhafter Unternehmen. DaimlerChrysler ist zum Beispiel regelmäßig hier, um neue Modelle für den neuseeländischen Markt zu präsentieren. Vor allem die Damen schätzen das traumhafte Ambiente für pompöse Hochzeitsfeiern, habe ich mir sagen lassen.

Rund 100 Mitarbeiter sorgen dafür, dass täglich bis zu 50.000 Flaschen Wein abgefüllt werden und in Neuseeland und Australien, aber auch in Europa inklusive Deutschland verkauft werden. Ich kümmere mich mit meinen Kollegen Brett und James darum, das gesamte Außengelände in Schuss zu halten. Die vielen Tagesausflügler sollen ihren Blick schließlich über eine perfekt gepflegte Anlage schweifen lassen, wenn sie mit einem Gläschen auf der Terrasse des Weinshops stehen. Das regt beim einen oder anderen vielleicht die Kauflust an. Und Geld ausgeben kann man bei Villa Maria prächtig: Für eine Flasche Pinot Noir des besonders guten Jahrgangs 2002 ist man locker mit umgerechnet 50 Euro dabei. Für uns Angestellte gibt es satte Rabatte. Du siehst: Ich habe es rundherum gut erwischt.

Jeden Morgen genieße ich auf der BMW die 20 Kilometer Fahrt gegen den Verkehrsstrom zum südlichen Stadtrand. Pünktlich um 7.30 Uhr fahre ich durch das schmiedeeiserne Tor, vorbei an langen Reihen Chardonnay und Sauvignon Blanc zu unserem Geräteschuppen. So erwartet es mein Boss Andy. Als Deutscher hat man seiner Meinung nach gefälligst ein Pünktlichkeitsfanatiker zu sein.

Mein Arbeitstag ist abwechslungsreich und zeichnet sich vor allem dadurch aus, dass ich in einer traumhaften Umgebung arbeite. Meistens ziehe ich morgens gleich mit unserem Quad los, um Ausschau zu halten nach Dingen, die erledigt werden müssen. Und da sind sie dann, die überschäumenden Glücksmomente, wenn ich mit dem Quad auf einem Hügel stehe, hinter mir die Bucht von Waitemata mit Blick auf den Ozean und vor mir die riesigen, perfekt symmetrisch gepflanzten Reihen mit Wein, aus denen die aufgehende Sonne gerade die letzten Nebelschwaden vertreibt. Ich habe definitiv einen der schönsten Arbeitsplätze dieser Welt!

Ich mähe oft den Rasen auf einem Aufsitzmäher und schraube an dem Ding auch mal herum, wenn es nicht so tut, wie es tun soll. Wir pflanzen hier und da neue Bäume oder Sträucher, jäten Unkraut, reparieren beschädigte Zäune, fällen altersschwache Bäume, legen neue Kieswege an und liefern auch mal Wein an Kunden in der näheren Umgebung. Es sind also sehr abwechslungsreiche Arbeitstage.

Innerhalb der Firma bin ich nach ein paar Tagen schon bestens bekannt. Jeder hat von diesem Typen gehört, der täglich mit der BMW aufkreuzt. Und so habe ich nach einer Woche schon mit fast allen Leuten ein paar Takte gesprochen und habe vor allem das schöne Gefühl, dazuzugehören.

Um 16.00 Uhr ist Feierabend, und man setzt sich in

aller Regel noch zu einem Gläschen vom besten Tropfen zusammen, um fachmännisch über dessen Qualität zu diskutieren. Ich mache da auch regelmäßig mit und beteilige mich an der Diskussion, indem ich einen Kennerblick aufsetze und geistreiche Dinge sage wie: »Yeah, it tastes very good«.

Freitags lässt man die Arbeitswoche mit einem Bier im Pub um die Ecke ausklingen. Und da ist es wie überall auf der Welt – die Ehemänner verschwinden recht schnell mit fadenscheinigen Ausreden, weil der heimische Friede übers Wochenende sonst empfindlich gestört werden könnte. Die Junggesellen hingegen sitzen mitunter recht lange zusammen und benötigen für die Heimfahrt ein Taxi.

Alyson urlaubt mittlerweile in Italien, so dass ich alleiniger Hausherr bin. Nun ja, mal abgesehen von Dotty, der manchmal etwas widerspenstigen Katzendame. Eigentlich heißt sie Dot Com, aber gute Freunde – und dazu zählt jeder, der ihr etwas zum Fressen hinstellt – dürfen sie auch Dotty nennen.

Bei mir sind mittlerweile etwas ruhigere Zeiten angebrochen. Das Wetter lädt derzeit nicht zu Motorradtouren an den freien Wochenenden ein. Also erkunde ich weiterhin die nähere Umgebung und bin am Samstag in der deutschen Kneipe um die Ecke hängen geblieben.

Hier wird deutsches Weizenbier ausgeschenkt. So viel zum Positiven. Der Rest ist, zurückhaltend formuliert, gewöhnungsbedürftig. Das Mobiliar erinnert irgendwie an McDonald's. Im krassen Gegensatz dazu das überdimensionale Bild von König Ludwig II. an der Wand. Der lächelt leicht genervt aus seinem riesigen Bilderrahmen. Ich kann's ihm nicht verdenken bei der stattlichen Anzahl an Schwarzwälder Kuckucksuhren, die links und rechts von ihn hängen und ordentlich Krach machen.

Und dann blickt der arme Kerl auch noch genau in Richtung Theke. Die ist reich verziert mit Fischernetzen mit Plastikfischen, Bildern vom Hamburger Hafen und einem kolossal großen rotweißen Rettungsring. In dieses schöne Waterkant-Arrangement mischt sich der Bildklassiker aller süddeutschen Wohnstuben aus den 60er-Jahren des letzten Jahrhunderts – röhrender Hirsch vor Tannenwald in reich verziertem goldfarbenem Rahmen.

Dieses Gesamtkunstwerk als kleines Missgeschick eines Innenarchitekten abzutun? Nein mein Lieber, da hört der Spaß auf! Wer das verbrochen hat, müsste lebenslänglich bekommen. Bei den Kuckucksuhren könnte man gerade noch einmal beide Augen zudrücken. Vom Schloss Neuschwanstein (als Bild gegenüber Ludwig) ist es ja nur ein Katzensprung in den schönen Schwarzwald. Und nichts gegen die Hamburger – aber deren Hafen ist in einem Restaurant mit bayerischem Flair völlig fehl am Platz. Und dann noch diese deftige Blasmusik aus der Dose samt Bedienungen im Dirndl. Wenn ich Ludwig gewesen wäre, hätte ich mich auch im Starnberger See ersäuft.

Servus, Bernd

**Von:** berndhaeusler@gmx.de
**Betreff:** Viel Spaß im BMW-Club
**Datum:** 28. August 2005
**An:** hans-on-the-road@gmx.de

---

Lieber Hans,

die BMW hat sich mittlerweile an den Stadtverkehr gewöhnt, ihr Fahrer allerdings nicht. Irgendwann wird es passieren. Es ist nur eine Frage der Zeit. Ich meine diese verrückte und weltweit einmalige Vorfahrtsregel. Die wird mich irgendwann Kopf und Kragen kosten.

Also: Man fährt hier auf der linken Seite, so weit so gut. Daran habe ich mich gewöhnt. Gefährlich wird es beim Abbiegen nach links in eine Seitenstraße. Bei einem Land mit Linksverkehr entspricht das dem – zum Beispiel in Deutschland üblichen – ungefährlichen Abbiegen nach rechts. Man setzt den Blinker, kurzer Schulterblick wegen möglicher Radfahrer und Fußgänger auf der eigenen Spur, und man biegt ab. Der Gegenverkehr interessiert nicht. So lernt das jeder Fahrschüler in Deutschland. In Neuseeland auch, doch mit einer kleinen, aber feinen Ausnahme: Die Sache mit dem Gegenverkehr. Der hat nämlich Vorfahrt, sofern er in die gleiche Seitenstraße wie du selbst abbiegen will. Verrückt, aber es ist so. Die Begründung: Der Gegenverkehr habe schließlich den weiteren und damit gefährlicheren Weg zum Abbiegen. Die spinnen, die Kiwis!

Wenn du jetzt meinst, gewisse Verkehrsregeln seien

das Einzige, was in Neuseeland Stirnrunzeln verursacht, hast du dich getäuscht. Es gibt nämlich noch den Bürokratie-Wahnsinn. Genau wie in Deutschland bemühen sich auch hier die Behörden, einem das Leben so schwer wie möglich zu machen.

Die Fakten: Wir haben bei Villa Maria eine eigene Werkstatt mit Schweißerei. Die Werkstatt ist das Reich von zwei Technikern, die für die Wartung der Abfüllanlage zuständig sind. Ich bin auch hin und wieder bei denen zu Gast, und sei es nur, um von Dave, einem Engländer mit ziemlich deftigem Humor, die neuesten Witze über Australier zu hören.

Streng genommen dürfte ich die Werkstatt jedoch nicht betreten. Am Eingang hängt nämlich ein riesiges Schild, auf dem ein wahrer Roman geschrieben ist: Nach Artikel soundso des Arbeitsschutzgesetzes sowieso darf dieser Raum nur betreten werden, wenn der Werkstattverantwortliche einen vorher über die Risiken und Gefahren, die hier lauern, aufgeklärt hat, man geeignete Schutzkleidung trägt, man die Broschüre »Arbeitssicherheit« ausgehändigt bekommen und vor allem gelesen hat, und so weiter. Ganz habe ich diesen Roman noch nie gelesen. Aber bestimmt steht da auch, dass man nur mit einer Rundumwarnleuchte auf dem Kopf und blauen Socken mit rosa Rüschen hinein darf. Oh Mann! Es handelt sich hier um eine stinknormale Werkstatt! Zur Ehrenrettung der Kiwi-Bürokraten sei gesagt, dass solche Auswüchse meist den gut gemeinten Hintergrund haben, Leib und Leben der Menschen zu schützen.

Jawoll, ich bin ein guter Deutscher! Warum? Weil ich das getan habe, was man als guter Deutscher tun muss: Ich bin einem Verein beigetreten, dem BMWOR. Der BMW Owners Register of New Zealand ist ein Motorradclub mit rund 600 Mitgliedern, die sich über das ganze Land verteilen. Eine lange Tradition gibt es auch – in diesem Jahr wurde 30-jähriges Bestehen gefeiert.

Auf Motorradtreffen in Deutschland schauen wir hübschen Mädels dabei zu, wie sie sich auf der Bühne aus ihren Klamotten schälen, wir machen Mofaweitwurf, hören laute Rockmusik und saufen, was das Zeug hält. Hier geht es etwas gesitteter zu, vor allem beim BMWOR. Das liegt vielleicht daran, dass BMW fahren eine ziemlich elitäre Sache ist und den reicheren Kiwis vorbehalten bleibt. Die Maschinen kosten einiges mehr als in Deutschland. Beim Treffen im Clubhaus in einem Industriegebiet tummeln sich deshalb viele Angehörige gehobener Berufsstände. Aber auch Enthusiasten, die vielleicht jahrelang für ihre BMW gespart haben und sie dann um so liebevoller hegen und pflegen. Alex ist so ein Enthusiast. Ein Deutscher, der mit seiner Frau das schöne Allgäu verlassen hat um sich in Neuseeland anzusiedeln. Endlich konnte ich mal wieder »schwäbisch schwätza«.

Auch sonst habe ich mich beim Treffen prima mit vielen Bikerinnen und Bikern unterhalten, die alle ganz Kiwi-like, unabhängig von Alter und Berufsstand, ausgesprochen nett und hilfsbereit sind. Ich freue mich schon auf gemeinsame Clubausfahrten und vor allem das Jahrestreffen des Clubs im Januar auf der Südinsel.

Noch immer bin ich in Kontakt mit Lehrern und Studenten der Sprachschule. So trifft man sich, um ins Kino oder etwas trinken zu gehen. Vor allem bin ich dadurch aber um eine triste Ein-Mann-Geburtstagsparty am anderen Ende der Welt herumgekommen. Mein Geburtstag fiel günstig auf einen Samstag, und ich hatte sturmfreie Bude. Also habe ich ordentlich den Kochlöffel geschwungen und Japaner, Koreaner, Schweizer und ein paar Kiwis zur Party mit original schwäbischen Maultaschen als Geburtstagsessen eingeladen.

Ich bin mir nicht sicher, ob die Asiaten von der schwäbischen Spezialität wirklich angetan waren, aber der Wein von Villa Maria ist auf jeden Fall sehr gut angekommen. Außer Maultaschen, deren Name ich nicht so recht ins Englische übersetzen konnte, gab es noch andere landestypische Köstlichkeiten: Die Asiaten haben Sake, japanischen Reiswein, mitgebracht, von den Eidgenossen gabs Schweizer Schokolade, und ein paar Flaschen Weizenbier haben sie auch irgendwo aufgetrieben. Ich konnte noch gute, alte, aus dem Schwabenland mitgebrachte Volksmusik in voller Lautstärke beisteuern. Am »Sierra Madre«, dem Hit in jedem süddeutschen Bierzelt, muss allerdings noch dringend gearbeitet werden. Das hörte sich bei den Japanern zu sehr nach »Siella Madle« an.

Wir hatten also einen feuchtfröhlichen Abend, und ich am Tag danach meine liebe Mühe, das Haus wieder in seinen Originalzustand zurückzuversetzen. Ich konnte es mir aber nicht verkneifen, Alyson ein paar

Bilder von der Party nach Venedig zu mailen. Ihr Haus, so schrieb ich ihr, sei die perfekte Location für super Partys. Sie nahm es relativ locker und antwortete, es sei ziemlich bescheuert, eine Party im eigenen Haus zu verpassen.

Auf dem Weg zur Arbeit fahre ich täglich zunächst an der Küste entlang Richtung Zentrum, dort am Hafen vorbei nach Süden durch die Stadt, um dann kurz vor dem Ziel wieder am Meer entlang, diesmal ist's der Waitemata Harbour, salzige Luft zu schnuppern. Und was man entlang der Küstengebiete sieht, ist immer wieder dasselbe: Segelboote, Segelboote und nochmals Segelboote. In keiner anderen Stadt der Welt gibt es so viele Segelboote pro Person wie in Auckland. Völlig zurecht daher Aucklands Spitzname »City of sails«. Westhaven Marina, zwischen Harbour Bridge und Containerhafen gelegen, ist mit rund 1.400 Bootsplätzen der größte Yachthafen auf der Südhalbkugel.

Noch vor 15 Jahren war dieses Hafenviertel eine heruntergekommene Gegend mit ziemlich üblem Ruf. Jetzt tummeln sich die Reichen und Schönen Aucklands in den schicken Bars und Restaurants rund ums Hafenviertel.

Der America's Cup, die bekannteste Segelregatta der Welt, hat diesen rasanten Wandel ausgelöst. Sir Peter Blake konnte dieses sportliche Großereignis 1995 mit dem Skipper Russell Coutts erstmals für Neuseeland gewinnen. Das Land versank in einem kollektiven Freudentaumel. Im Jahr 2000 dann die Steigerung – der

Cup wurde im eigenen Land, in Auckland verteidigt. Das Hafenviertel wurde zum America's-Cup-Dorf auserkoren, was die rasante Veränderung vom Ghetto zum Schickimicki-Viertel auslöste.

2003 jedoch kochte der Volkszorn hoch: Man hatte sich den Cup vom Schweizer Team abjagen lassen. Ausgerechnet von den Schweizern, dieser großen Seefahrernation im Herzen der Alpen! Nicht dass man es ihnen nicht gegönnt hätte, wenn es denn tatsächlich Schweizer gewesen wären. Tatsächlich aber dachten die schwerreichen eidgenössischen Investoren nicht im Traum daran, Landratten aus dem eigenen Land ins 100 Millionen Euro teure Boot zu setzen. Sie legten daher noch ein paar große Scheine drauf und kauften dafür den Kiwi-Skipper Russell Coutts ein, der letztlich den Sieg für die Eidgenossen einfuhr. Jetzt muss er schauen, wo er die verdienten Millionen verprasst, der gute alte Russell. In Neuseeland kann er sich jedenfalls nicht mehr blicken lassen. Hier warten immer noch einige erhitzte Gemüter auf ihn, die ihn wegen dieses Landesverrats gerne teeren und federn würden.

Ich muss dir gestehen, dass ich etwas überheblich zu meiner ersten Ausfahrt mit den BMWOR-Leuten aufgebrochen bin. Viel Fahrspaß habe ich mir nicht davon versprochen. In einer Gruppe mit 15 Motorrädern würde der Gashahn sicherlich nicht allzu sehr aufgedreht, und die älteren Semester würden es genießen, gemächlich über die Lande zu tuckern. Dachte ich mir. Doch falsch gedacht. Diese Leute haben für eine Gruppenausfahrt ein verdammt hohes Tempo angeschlagen. Ein einschläferndes, monotones Fahren an einer festen Position in der Gruppe gibt es nämlich dank eines ausgeklügelten Rotiersystems nicht.

Es funktioniert so: Nur der Vorausfahrende bleibt immer der Vorausfahrende. Vorher festgelegt wird auch, wer das Schlusslicht bildet. Der ist aber nicht immer das Schlusslicht, sondern eher so etwas wie der Gejagte. Biegt der Führende irgendwo ab, so warte ich als Zweitplatzierter an der Stelle, wo abgebogen wird und weise allen Nachfolgenden den Weg. Wer als Letzter kommen muss weiß ich ja. Wenn der vorbei ist, kann ich die Aufholjagd starten, überhole den Letzten und reihe mich direkt vor ihm wieder ein.

Tolles System. So wird fleißig durchgewechselt, und es wird nie langweilig. Vor allem wenn man ganz hinten fährt, darf man ordentlich Gas geben, um den Fahrer zu schnappen, der als Letzter vorgesehen ist.

Es dauerte übrigens eine Zeitlang, bis die Kiwi-Biker dieses System dem begriffsstutzigen Deutschen halbwegs begreiflich machen konnten. Ich möchte sagen, schieben wir es einfach mal auf die Sprachprobleme.

Und noch etwas: Wenn ich gedacht habe, ich könnte hier jemanden mit meiner 1100er GS beeindrucken, so habe ich mich gewaltig getäuscht. Die neue 1200er ist seit kurzem auch in Neuseeland erhältlich, und einige Clubmitglieder sind schon mit diesem schicken Teil unterwegs.

Die Tour an sich war traumhaft. Wir waren auf kleinen Nebenstraßen südöstlich von Auckland unterwegs. Das sind hier noch nicht die traumhaft schönen Landschaften, wie man sie aus »Herr der Ringe« kennt. Schön ist es aber allemal. Bei dem zügigen Tempo waren wir locker zur Mittagspause an der Westküste in Raglan. Raglan ist ein Mekka für Surfer aus aller Welt. Die zehn Kilometer südlich von Raglan gelegene Whale's Bay ist unter Surfern wegen ihrer links rollenden Dünung bekannt und beliebt. Was daran besonders ist? Keine Ahnung, aber die Surfer werden schon wissen, warum sie aus aller Welt hierher strömen. Vielleicht hat es mit dem liebenswerten Charme zu tun, den Raglan versprüht. Es ist ein ziemlich alternativ angehauchter Ort, in dem sich viele Künstler oder solche, die sich dafür halten, niedergelassen haben.

Nach dem Mittagessen mit fangfrischem Meeresgetier in einem der malerischen Restaurants teilte sich die Gruppe auf. Ich schloss mich der »Schottertruppe« an, und wir schotterten über herrliche Offroad-Strecken Richtung Auckland zurück.

Am kommenden Samstag ist Vatertag in Neuseeland. Und wie Weihnachten, Ostern, Valentinstag oder der Geburtstag der Queen ist auch Vatertag eine einzige gewaltige Geldmacherei des Einzelhandels. In Neuseeland vielleicht noch schlimmer als in Deutschland. Kaum ein Werbespot im Radio, der mich nicht auffordert, meinem lieben Dad die neueste Bohrmaschine oder zumindest eine schöne Krawatte zu kaufen. Gähn ... Aber halt! Es gibt einen wirklich guten Spot. Sinngemäß sagt da ein enthusiastischer Typ: »Egal wie oder wobei du entstanden bist. War es ein One-Night-Stand, war es total besoffen mit der Kollegin auf der Weihnachtsfeier, oder war es vielleicht diese Nummer: »Ach komm' Baby, nur dieses eine Mal. Heute ist schließlich mein Geburtstag.« Wie auch immer: Du solltest deinem Dad dankbar sein, dass er dich gezeugt hat, und er hat deshalb ein schönes Vatertagsgeschenk verdient.« Bei diesem Spot eine Jeans von Calvin Klein für umgerechnet 43 Euro. Nicht schlecht der Spot, und der Preis ist in Ordnung.

In dem Zusammenhang passt es ganz gut, dir etwas zum sonderbaren Umgang der Kiwis mit dem Thema Sex zu erzählen. Wie in Deutschland gibt es hier in den Supermärkten die Regale mit Süßigkeiten vor den Kassen, wo die lieben Kleinen so lange quengeln, bis Mami entnervt noch etwas aufs Band legt. Pak'n Save ist der neuseeländische Aldi. Und dort habe ich in den Regalen an der Kasse zwischen den Süßigkeiten auch schon Sexspielzeug gesehen. Tolle Sache! Bestimmt ist der Schweinkram aus denselben psychologischen Gründen wie die Süßigkeiten direkt an der Kasse zu finden. Nur sind es hier die Männer, die so lange rumquengeln bis »Mami« noch etwas aufs Band legt.

Laut einer Studie eines großen Kondomherstellers gehören die Kiwis zu den sexuell aktivsten Völkern der Welt. Angeblich verliert der durchschnittliche Neuseeländer seine Jungfräulichkeit mit 16,9 Jahren. Nur bei Franzosen, Deutschen und US-Amerikanern passiert es früher. 64 Prozent der Kiwis haben angeblich Erfahrung mit One-Night-Stands. In Deutschland sind das gerade mal schlappe 36 Prozent.

Produktneuheiten des Verhüterli-Produzenten sollen deshalb vorzugsweise in Neuseeland getestet werden. Ich frage mich zwar, was es bei Kondomen an Produktneuheiten geben kann, aber eigentlich ist das egal. Hauptsache ich finde bald heraus, wo man sich als Testperson bewerben kann.

Im krassen Gegensatz zu dieser Sex-Protzerei die Prüderie in anderen Bereichen. Als ich in einer Tankstelle eine Zeitschrift sah, die in Folie eingeschweißt und deren Titelseite halb verdeckt war, reagierte ich, wie ein normaler Mann zu reagieren hat: Alarmstufe rot. Hier muss etwas tolles drinstehen. Schweinkram, den es in dieser Form sonst nur in meiner schmutzigen Phantasie gibt. Das war aber unglücklicherweise nicht so. Was schmutzige Männerphantasien betrifft, ist der Inhalt solcher Hefte eine herbe Enttäuschung. Barbusige Frauen, das war's. Ich habe das Heft mit panischem Gesichtsausdruck und immer aufgeregter werdend mehrfach Seite für Seite durchgeblättert. Es blieb dabei: Die schönen Brüste schöner Frauen auf fast allen Seiten, aber eben nicht mehr. Und das mir als zukünftigem professionellen Kondomtester.

Wem habe ich diese Enttäuschung zu verdanken? Der Temperenzler-Bewegung vermutlich. Die Spaßverderber dieser sozialpolitischen Bewegung haben Neuseeland Anfang des 20. Jahrhunderts mit einem Glaubensfeldzug für Zucht und Ordnung überrollt.

Neuseeland sollte ein Land frei von Perversität und Sünde sein. Unmoral und vor allem Alkohol waren verpönt.

Die Prohibition trieb dabei seltsame Blüten. Neuseeland war eines der ersten Länder der Welt, das eine Altersrente einführte. Diese konnte aber sofort gestrichen werden, wenn der Bezieher im Pub angetroffen wurde. Die Kiwi-Männer sollten anständige und fleißige Familienväter sein. Auf der anderen Seite der Welt sollte eine neue Gesellschaft kreiert werden, mit einem Menschenschlag frei von Trunksucht, Unmoral, Faulheit und Korruption. Auch wenn die Realität heute ein wenig anders aussehen mag – das Gedankengut der Temperenzler-Bewegung hält sich vor allem in ländlichen Gegenden hartnäckig. Landesweit ist es nach wie vor verpönt, unbekleidet in die Sauna zu gehen oder als Frau oben ohne am Strand zu liegen.

Von den einst strengen Alkoholgesetzen ist allerdings nicht mehr viel übriggeblieben. Die Kiwis sind als Schluckspechte verschrien, obwohl sie beim durchschnittlichen Alkoholkonsum weit hinter den Bierweltmeistern aus Deutschland liegen. Supermärkte dürfen erst seit einigen Jahren Bier verkaufen, Hochprozentiges gibt es nach wie vor ausschließlich in so genannten Liquor-Shops.

Für allgemeine Erheiterung im Land sorgte kürzlich ein Fauxpas der Regierung. Versehentlich wurde nämlich de facto die Prohibition wieder eingeführt. Ein neues Gesetz sollte es örtlichen Behörden ermöglichen, das Trinken in der Öffentlichkeit zu verbieten. Es war eilig verabschiedet worden, um ausschweifende Partys an Stränden und in Parkanlagen unterbinden zu können. Wohl etwas zu eilig. Im Gesetzestext stand nämlich, dass jeder bestraft werden könne, der in der Öffentlichkeit Alkohol trinke oder bei sich führe. Eigentlich hätte es »und« statt »oder« heißen müssen. Ein Regierungssprecher räumte den Fehler ein und versicherte, dass die Polizei gegen niemanden vorgehen werde, der Alkohol mit sich herumtrage.

Ob mit oder ohne Gesetze zum Schutz vor Alkoholmissbrauch: Ich werde hier ohnehin nicht zum Alkoholiker, auf gar keinen Fall vom Bier. Es ist nämlich gar nicht so einfach, ein anständiges Bier zu bekommen. Die meisten Kiwi-Biere schmecken eher fad, zumindest im Vergleich zu den würzigen süddeutschen Bieren. Der Alkoholgehalt macht's wohl aus. Der liegt bei den meisten heimischen Biersorten bei rund vier Prozent und damit etwa auf dem Niveau deutscher Leichtbiere.

Dafür besticht die Tui-Brewery mit genialer Werbung. Seit Jahren läuft die »Yeah right«-Kampagne mit einem Riesenerfolg. Billboards nennt man die großen Werbetafeln, die an allen stark befahrenen Straßen zu finden sind. Was auffällt: Die Werbung auf den Tui-Billboards geht völlig am Produkt vorbei. In einem rechteckigen orangefarbenen Feld steht lediglich der Tui-Schriftzug, und ein Tui – ein einheimischer Vogel – hat es sich auf dem »u« bequem gemacht. Immer steht in dem orangefarbenen Feld der Spruch »Yeah right«. Links daneben gibt es ein größeres, schwarzes Feld. Und jeder Neuseeländer weiß mittlerweile, dass man im schwarzen Feld stets einen ironischen Spruch erwarten kann, der eine offensichtliche Lüge entlarvt.

Meistens gibt es dabei einen Bezug zu aktuellen Themen. So bekam Russell Coutts sein Fett ab. Du erinnerst dich, der landesverräterische Skipper des neuseeländischen America's Cup Teams. »Komm zurück, Russell, alles ist vergeben. Yeah right.« Helen Clark, die Premierministerin, blamierte sich kürzlich in einem Fernsehinterview. Sie wurde gefragt, ob sie John Farnham möge, einen der bekanntesten Sänger Australiens. Sie antwortete: »Wer ist das?« Schon ein paar Tage später gab es passende Tui-Billboards: »Diesen Typen John Farnham muss man wirklich nicht kennen. Yeah right.«

Oder Paul Holmes. Das ist ein bekannter Fernsehmoderator. Sein Privatflugzeug schrottete er nun schon zum zweiten Mal bei einer Landung. Tui meint dazu: »Lassen wir uns doch von Paul fliegen. Yeah right.« Beliebt ist auch alles, was Männern an Frauen gefällt. »Ich habe nur gelesen, was auf ihrem T-Shirt steht. Yeah right.« Oder einfach: »Sie sind echt. Yeah right.«

Zu meinem Zeitschriftenerlebnis an der Tankstelle passt dieser ganz gut: »Ich habe es nur wegen der Artikel gekauft. Yeah right.« Oder: »Die Jungs vom Video-Shop haben mir den falschen Film mitgegeben. Yeah right.« Eher selten gibt es einen Bezug zum eigentlichen Produkt, und wenn dann in typischer Tui-Manier: »Sonderangebot! Ein Glas Milch umsonst beim Kauf von einem Dutzend Tui. Yeah right.« Oder eher allgemein: »Bei diesen hohen Spritpreisen werde ich das Biertrinken aufgeben. Yeah right.« Mein Favorit: »Es ist wahr, ein Typ im Pub hat es mir erzählt. Yeah right.« Glaube mir, ich könnte ewig weitermachen. Die Kampagne ist einfach nur gut.

Tui lässt sich durch Anfeindungen von Alkoholgegnern nicht im Geringsten beeindrucken. Diese hängten vor einer großen Kirche, der Revival Church, ein selbstkreiertes Tui-Billboard auf: »Zu viel Biergenuss schadet nicht der Gesundheit und schafft keine sozialen Probleme. Yeah right.« Die Antwort von Tui sah so aus: »Wir sehen uns dann am Sonntag in der Revival Church. Yeah right.«

Das Merchandising zu den kultigen »Yeah right«-Sprüchen läuft erwartungsgemäß bestens. Ich habe mir ein T-Shirt zugelegt mit der Aufschrift: »Tui, auch nur eine weitere Brauerei unter vielen. Yeah right.« Es gibt sogar ein Buch mit den Sprüchen. Es heißt »Herausgegeben vom Kultusministerium. Yeah right!« Das Buch hat es über einen längeren Zeitraum auf die Bestsellerliste der New York Times geschafft.

»Wir sehen uns morgen. Yeah right!« Bernd

**Von:** berndhaeusler@gmx.de
**Betreff:** Rugby, Sauerkraut und kleine, dicke Vögel
**Datum:** 10. September 2005
**An:** hans-on-the-road@gmx.de

---

Lieber Hans,

noch eine Stunde bis zum Anpfiff – Neuseeland im Ausnahmezustand. Die Straßen in Auckland waren leer gefegt. Alles saß daheim oder im Pub vor dem Fernseher. 45.000 hatten es geschafft, ein Ticket für den Mt. Eden Park, das größte Stadion im Land, zu ergattern. Ich war einer davon. Rugbyfieber! Ich hatte hoch gepokert und gewonnen. Erst ein paar Stunden vor Spielbeginn hatte ich bei www.trademe.co.nz, der neuseeländischen eBay-Variante, zwei Tickets abgegriffen. Meine Rechnung ging auf: Kurz vor Spielbeginn wurden keine astronomischen Summen mehr für Tickets geboten.

Die Tage davor hatte das noch anders ausgesehen. Weit über 100 Euro für ein Ticket waren normal, es ging schließlich um das sportliche Topereignis des Jahres, den neuseeländischen Superbowl. Das ist der Drei-Nationen-Cup der weltweit stärksten Rugbynationen Neuseeland, Australien und Südafrika. Im Endspiel trat Neuseeland gegen den ungeliebten Nachbarn Australien an. Dazu muss man wissen: Hier gibt es eigentlich nur drei Sportarten die polarisieren: Rugby, Rugby und dann vielleicht noch Rugby.

»All Blacks« wird das neuseeländische Nationalteam genannt. Die All Blacks führen vor Beginn eines jeden

Spiels einen Haka auf. Der Haka ist ein Kriegstanz der Maori. Mit wilden Grimassen und Geschrei soll der Gegner eingeschüchtert werden. Allein die Tatsache, dass die All Blacks kurz vor dem Spiel gegen die Australier einen neuen Haka einstudiert haben, war dem New Zealand Herald, immerhin die größte Tageszeitung im Land, eine Titelstory mit vier Bildern und detaillierter Beschreibung des neuen Haka wert. Daran mag man die Bedeutung dieses Sports erkennen.

Ich habe Heidi zum Spiel mitgenommen. Eine Schweizerin, die wie ich die All Blacks unbedingt mal live sehen wollte. Rund ums Stadion gab es bereits die passenden Tui-Billboards zur Begrüßung der Australier: »Willkommen Aussies! Wir wünschen euch viel Glück. Yeah right.«

Für einen Laien wie mich sieht Rugby aus wie ein Spiel ohne Regeln. Jeder drischt auf jeden ein. Mein Nebensitzer im Stadion hat mir das auch so bestätigt. Es sei alles erlaubt, meinte er, außer dem Gegner den Finger ins Auge zu drücken und ihn in die Hoden zu treten. So ganz stimmt das allerdings nicht. Das Rugby-Regelwerk ist sehr umfangreich und wird vom Weltverband ständig überarbeitet und geändert.

Wie der 34 : 24 Sieg der All Blacks zustande kam, war mir jedenfalls völlig unklar. Egal – Hauptsache gewonnen. Der Sieg gegen den bösen Nachbarn verwandelte das Stadion natürlich in einen Hexenkessel, die Stimmung war phantastisch. Der Schlachtruf »Aaaaallll Blaaaaacks« aus 45.000 Kehlen ging selbst mir als hartgesottenem Fußballstadiongänger durch Mark und Bein.

In Deutschland ist Alkohol im Stadion mittlerweile ja verpönt. In Neuseeland hingegen sorgen Rugbyspiele auf den Rängen regelmäßig für Massenbesäufnisse. Es gibt kaum jemand, der sich am Stadioneingang nicht noch mit einem Sixpack oder mehr eindeckt. Rugby bedeutet immer auch Party.

Wir haben es erst nach dem Spiel krachen lassen und mit Bekannten aus der Sprachschule den Sieg »unserer« Mannschaft kräftig im Pub gefeiert. Da hier Rugby-Laien unter sich waren, war die Analyse des Spiels schnell beendet. Wir konnten also bald zu einem Thema wechseln, bei dem echtes Expertenwissen gefragt war: Das Erzählen unanständiger Witze. Wobei in diesem Fall die Anwesenheit einer trinkfesten Schweizerin das Imponiergehabe ungemein förderte. In meiner Arroganz wollte ich diesen Hinterwäldlern aus der Schweiz, Südafrika, Japan und Neuseeland einige unbekannte Leckerbissen aus meinem Repertoire präsentieren. Doch weit gefehlt: Selbst meine ganz tief unterhalb der Gürtellinie liegenden Zoten waren bekannt. Offensichtlich erzählt man sich auf der ganzen Welt die gleichen Witze.

Es war ein schöner Arbeitstag, der Montag nach dem Spiel der All Blacks. Keiner meiner Kollegen hatte es nämlich geschafft, Tickets zu ergattern. Jedem, der es hören wollte oder auch nicht, habe ich deshalb ausführlichst von der phantastischen Live-Atmosphäre erzählt. Jedem Kollegen stand die Frage im Gesicht: Warum hat es ausgerechnet dieser »bloody German«

geschafft, an Tickets zu kommen? Ausgiebig habe ich die Beantwortung dieser Frage ausgeschlachtet. »Typisch deutsche Cleverness«, »gewusst wie«, »wer kann, der kann«. Angeberei? Ganz und gar nicht. Es wurde nämlich höchste Zeit, zurückzuschlagen. Denn als Deutscher muss ich ansonsten ordentlich einstecken.

Es ist erschreckend, welche Vorstellungen man von uns Deutschen hier hat. Wir tragen grundsätzlich Lederhosen und Tirolerhut, ernähren uns ausschließlich von Sauerkraut, und unter drei Litern Bier am Tag geht gar nichts. Und so bemühen sich die Scherzbolde unter meinen Kollegen bei allen Gelegenheiten kräftig um entsprechende Anspielungen.

Selbst wenn wir uns über Themen wie Seefahrernationen unterhalten, bekomme ich mein Fett ab. Auf die Frage, ob Deutschland auch eine große Seefahrernation war, kam sofort der Einwand: »Kann ja gar nicht sein. Denen ist spätestens nach drei Tagen auf hoher See das Bier ausgegangen, dann haben sie umgedreht.«

Auch das Thema Sauerkraut bietet immer wieder Angriffsflächen. In Neuseeland können alle denkbaren Produkte an Verkaufsautomaten gezogen werden. Egal ob Getränke, Süßigkeiten, Blumen oder sogar Pommes – die »Vending machines« sind äußerst beliebt. Ich habe versucht, mich darüber lustig zu machen. Die Retourkutsche kam prompt: »Bei uns existiert ein vielfältiges Angebot. In Deutschland wird es dagegen nur Automaten geben, an denen man sich Sauerkraut ziehen kann.«

In Neuseeland werden Einfamilienhäuser nicht unterkellert. Ungläubige Blicke habe ich geerntet, als ich erzählte, dass in Deutschland zumindest abseits der Küstengebiete fast alle Häuser über einen Keller verfügen. »Wozu? Was lagert Ihr in den Räumen?« »Ja, was glaubt Ihr denn? Wir stopfen die Räume selbstverständlich bis unter die Kellerdecke voll mit Bier und Sauerkraut.« So hatte ich wenigstens einmal die Lacher auf meiner Seite.

Wenn die Hänseleien überhand nehmen, ziehe ich gerne meine Kiwi-Trumpfkarte: Die Tatsache, dass die liebenswerten Bewohner dieses kleinen Inselstaates ausgerechnet nach dem Kiwi benannt werden. Der einheimische Vogel ist nämlich nicht gerade das, was man als besonders schönes Federvieh bezeichnen könnte. Die sehr scheuen Tiere sind braun gestreift, dicklich und eher borstenhaarig als gefiedert. Der überlange dünne Schnabel will so gar nicht zum plumpen Körper passen. So gleicht ein Kiwi einem großen watschelnden Ei mit Schnabel, das hörbar schnaufend und schnüffelnd auf der Suche nach Nahrung über den Waldboden hüpft. Fliegen können die nachtaktiven, halbblinden Kiwis mit ihren verkümmerten Flügeln nämlich nicht. Wegen des schmackhaften Fleischs und der Federn, die als Schmuck verwendet wurden, wurde der Kiwi von den Maori gejagt. Die von den europäischen Siedlern mitgebrachten Hunde, Katzen, Füchse und Marder machten ihm dann beinahe den Garaus. Heute stehen die vom Aussterben bedrohten Kiwis unter strengem Artenschutz, und man versucht, die stark dezimierte Population in aufwendigen Zuchtprogrammen zu vermehren.

Und dieser seltsame Vogel ist der Liebling aller Neuseeländer. Seinen Namen tragen sie voller Stolz. Ich erlaube mir daher hin und wieder die Frage, was das für ein Volk sei, das nach einem Vogel benannt ist, der nicht fliegen kann, merkwürdig aussieht und vom Aussterben bedroht ist?

Die Kiwifrucht hat ihren Namen übrigens ebenfalls dem Vogel zu verdanken. Die ursprünglich aus China stammende Frucht wurde Anfang des 20. Jahrhunderts vom Neuseeländer Hayward Wright zu dem herangezüchtet, was sie heute ist. Zur Markteinführung hatte er nach einem griffigen Namen für die grüne Vitaminbombe gesucht. Voilà – die Kiwi war geboren. Und merkwürdig aussehen tut sie ja auch.

Gewusst wie, Bernd


**Von:** berndhaeusler@gmx.de
**Betreff:** Diebe und Vulkane
**Datum:** 14. September 2005
**An:** hans-on-the-road@gmx.de

Lieber Hans,

kneifen ging nicht mehr. Mir fielen keine fadenscheinigen Ausreden mehr ein. Also habe ich ein Versprechen eingelöst und bin mit zwei Japanerinnen Sushi essen gegangen. So schlimm war es übrigens gar nicht, zumindest nicht die rohen Fische. Die habe ich jedoch vermutlich mit viel zu viel Sake heruntergespült. Der Reiswein hat mir heftige Nachwehen bereitet, und so habe ich ein ruhiges Wochenende verbracht und meinen Brummschädel auskuriert.

Auf einen aufregenden Samstag Abend musste ich trotzdem nicht verzichten: Ein Sportpilot hatte in Auckland ein Flugzeug geklaut und per Funk gedroht, damit in den Sky-Tower zu fliegen. Der wurde daraufhin komplett evakuiert. Damit war der Sky-Tower für den verrückten Piloten offensichtlich kein lohnenswertes Ziel mehr. Stattdessen hat er das Sportflugzeug am Kohimarama Beach, gerade mal ein paar hundert Meter von »meinem« Haus entfernt, im Meer versenkt.

Und warum diese verrückte Aktion? Der arme Kerl wurde von seiner Frau verlassen und wollte sie mit der Aktion zwingen, zu ihm zurückzukommen. Da sieht man mal wieder, was die Frauen aus einem machen können. Wie durch ein Wunder hat der liebeskranke Kiwi den Absturz völlig unverletzt überlebt. Ihm werden jetzt gute Karriereaussichten bei Al-Qaida eingeräumt.

Gerne hätte ich dir zu diesem Ereignis ein paar Bilder gemailt. Zum Beispiel als ich heldenhaft ins Meer sprang, um den Piloten aus seinem Flugzeug zu befreien. Minutenlang tauchte ich im eiskalten, trüben Wasser, um nur mit einem Taschenmesser bewaffnet die verschlossene Tür des Flugzeugs aufzuhebeln. Aber Scherz beiseite: In Wahrheit stand ich wie Hunderte andere am Strand und begaffte die Bergungsaktion.

Wie auch immer: Es gibt keine Fotos davon, weil

meine bisher anhaltende Glückssträhne einen Knick bekommen hat. Mir ist nämlich während der Arbeit mein Tankrucksack samt Inhalt, insbesondere der Digitalkamera, gestohlen worden.

Wir bewahren unsere persönlichen Sachen in einem Geräteschuppen auf, der eigentlich immer verschlossen sein sollte. Aus Gründen der Bequemlichkeit ist er das aber fast nie. Mangere, das Gebiet, in dem Villa Maria seinen Sitz hat, gehört zwar nicht gerade zu den besten Gegenden Aucklands, aber was soll denn innerhalb eines Firmengeländes schon passieren?

Nun, was passiert ist, hat eine Überwachungskamera aufgezeichnet: Zwei Typen holen sich in aller Seelenruhe meinen Tankrucksack und ein paar Dinge meiner Kollegen aus dem Schuppen und fahren in einem Auto davon, leider ohne dass man auf dem Film die Autonummer erkennen kann. Wir haben den Diebstahl zwar bei der Polizei angezeigt, aber welchen Nutzen soll das schon haben, wenn man aufgrund der Bilder der Überwachungskamera nur eine ungenaue Beschreibung der Täter liefern kann?

Kaum hatte ich mich halbwegs von meinem Sake-Kater erholt, musste ich mir schon wieder einen hinter die Binde kippen. Diesmal aus Frust im Kreise der ebenfalls geschädigten Kollegen. Das Ganze ist verdammt ärgerlich. Der materielle Schaden ist ersetzbar, aber nicht die verlorenen Bilder auf der Kamera. Dabei hatte ich sie an dem Tag nur dabei, um die bislang gemachten Bilder abends in einem Internetcafé endlich auf eine CD zu brennen. Und ausgerechnet an dem Tag passiert es. Als ob es diese »Assholes« gerochen hätten. Meine Kamera war bei weitem das Wertvollste, was sie ergatterten.

Frustabbau geht auch ohne Alkohol. Am Sonntag habe ich mir etwas von der anhaltenden Wut aus den Rippen geschwitzt. Mit Heidi und Woo Chin, einem südkoreanischen Medizinstudenten mit ständig unverschämt guter Laune, habe ich auf Rangitoto eine Wanderung gemacht. Nicht nur das Stadtgebiet Aucklands ist geprägt von Vulkanen, auch die umliegenden Inseln sind meist nichts anderes als Vulkankegel, die aus dem Meer ragen. Eine große Eruption vor ca. 1.000 Jahren bildete den größten noch erhaltenen Vulkan – den Rangitoto vor der Ostküste der Stadt.

Rangitoto ist ein beliebtes Ausflugsziel. Es gibt sogar einen kleinen Zug auf Rädern, der mit vorwiegend übergewichtigen Touristen besetzt über die Schotterwege der Insel zuckelt. Diese armen Kreaturen haben viel zu unserer Belustigung beigetragen, da sie in den Waggons im Spielzeugformat heftig durchgeschüttelt wurden und entsprechend gequält dreinblickten. Wir Helden des Bergsteigertums hingegen haben den beschwerlichen Aufstieg in die schwindelerregende Höhe von rund 200 Metern bis zum Gipfel allein durch bloße Muskelkraft gemeistert.

Wegen des stark säurehaltigen Bodens leben nur wenige Vögel und Insekten auf der Insel, und die Vegetation ist nicht besonders üppig. Der Aufstieg durch die Gesteinsfelder aus schwarzer Lava ist daher landschaftlich nicht sonderlich attraktiv. Entschädigt wird man auf dem Gipfel durch einen phantastischen Blick auf Auckland mit seinen umliegenden Inseln.

Erstaunlich, dass am Kraterrand Bunkeranlagen aus dem 2. Weltkrieg ein halb verfallenes Dasein fristen. Habe ich im Geschichtsunterricht nicht aufgepasst? War etwa auch dieses kleine Land am anderen Ende der Welt ein Opfer der deutschen Kriegsmaschinerie?

Das zwar nicht. Nachdem jedoch deutsche U-Boote in spektakulären Aktionen Schiffe in US-amerikanischen Häfen versenkt hatten, befürchteten die Kiwis ähnliche Angriffe auf ihr Land. Grund zur Besorgnis bestand durchaus, denn wie so viele Länder befand sich auch Neuseeland im Kriegszustand mit Deutschland. »Dort wo das Mutterland Großbritannien steht, da stehen auch wir«, sagte der damalige Premierminister Neuseelands und ließ keinen Zweifel daran, welche Haltung sein Land im Krieg einnehmen würde.

Diese Entscheidung haben viele Neuseeländer auf den Schlachtfeldern des 2. Weltkrieges mit dem Leben bezahlt. Noch härter getroffen wurde das kleine Land allerdings im 1. Weltkrieg, wo rund 60.000 Kiwi-Soldaten ihr Leben ließen oder verwundet wurden. Kein anderes Land hatte damals prozentual zur Gesamtbevölkerung mehr Verluste erlitten.

Traumatisierend für die gesamte Nation war die acht Monate dauernde Schlacht auf der türkischen Halbinsel Gallipoli. Rund 130.000 Soldaten starben dabei, darunter 2.700 Neuseeländer des Australian and New Zealand Army Corps (ANZAC). Um diese Schlacht ranken sich heute viele Legenden und Mythen. Fakt ist, dass die neuseeländischen und australischen Truppen aufgrund eines Navigationsfehlers des britischen Oberbefehlshabers nicht an der vorgesehenen Stelle landeten, sondern an einem stark zerklüfteten Küstenabschnitt abgesetzt wurden. Dort waren sie leichte Beute für die türkischen Verteidiger. Der Mythos, wonach Kiwis und Aussies wissentlich als Kanonenfutter in die Schlacht geworfen wurden, hält sich dennoch hartnäckig.

Viele Kiwis betrachten heute die Schlacht von Gallipoli als eigentliche Geburtsstunde der Nation. Erst nach diesem großen Blutopfer, sagen sie, sei ein echtes Zusammengehörigkeitsgefühl und Nationalbewusstsein entstanden. Schon bald nach dem Krieg wurden die gefallenen ANZAC-Soldaten als Helden glorifiziert, die im heroischen Kampf für die junge, seit 1909 unabhängige Nation ihr Leben ließen. Das bedeutete einen ordentlichen Schub für das Selbstwertgefühl der Nation. Die Kiwis hatten ihren Kriegsbeitrag geleistet und mussten sich nicht länger als kleines, unbedeutendes Volk am Ende der Welt fühlen. Was die trauernden Witwen und deren Kinder davon hielten, sei mal dahingestellt.

Die Arbeitswoche hat nicht schlecht für mich begonnen – ich habe meinen Tankrucksack wieder! Die Gärtner vom Friedhof nebenan haben ihn in einer Mülltonne gefunden. Wie befürchtet zwar ohne Digitalkamera, aber alleine den Tankrucksack wieder zu haben, ist ja auch nicht schlecht. Immerhin waren noch ein paar nützliche Utensilien wie Wörterbuch, Landkarten und Sonnenbrille drin.

Im Kartenfach hatte ich einen Zettel mit meiner neuseeländischen Handy-Nummer. Sehr nett, dass die Jungs vom Friedhof sich die Mühe machten, mich anzurufen. Also bin ich mit einer Flasche Wein bewaffnet zum Friedhof getrabt und habe in feierlicher Umgebung meinen Tankrucksack in Empfang genommen: Ein Büro neben dem Krematorium, sanfte Musik, im Schaufenster Sonderangebote für Grabsteine – nimm zwei und bezahl einen oder so ähnlich. Ganz ergriffen von der Würde des Augenblicks hat mir ein Friedhofs-Büromensch mit feierlichem Gesichtsausdruck meinen Tankrucksack überreicht. Der hat sicher etwas verwechselt, ich bin ja schließlich kein trauernder Angehöriger, der die Urne mit der Asche seiner verblichenen Liebsten entgegennimmt.

Bernd Häusler, der Glückspilz! Wie viele Leute bekommen wohl eine gestohlene Kamera zurück? Einer von Tausend? Wahrscheinlich weniger. Wie auch immer, ich habe meine wieder. Unglaublich, aber wahr. Zwei Tage nachdem ich den Tankrucksack zurückbekommen habe, ist die Digitalkamera aufgetaucht. Und diesmal musste ich noch nicht einmal eine feierliche Zeremonie auf einem Friedhof über mich ergehen lassen. Beamte einer Sonderkommission der Polizei haben mir die Kamera persönlich während der Arbeit übergeben. Die Diebe waren wohl größere Fische, denen man schon länger auf der Spur war. Bei verschiedenen Hausdurchsuchungen hat man Lkw-Ladungen voll mit Diebesgut entdeckt, darunter meine Kamera. Die gespeicherten Bilder waren zwar alle gelöscht, aber was soll man bei so viel Glück noch meckern?

Jetzt bin ich auch mit den Kiwis wieder im Reinen. Die Sache war ein kleiner dunkler Fleck in meinen bislang ausschließlich positiven Erfahrungen mit diesem Volk. Allein schon die Anteilnahme, die mir wegen des Diebstahls entgegenschlug, war überwältigend. Einige Leute hatten sich sogar dafür entschuldigt, dass mir in ihrem Land so etwas passierte.

Leider ist mein heiß geliebter Walkman nicht mehr aufgetaucht. Äußerst rücksichtsvoll haben mir meine lieben Kollegen beigebracht, dass ich diesem lächerlichen Ding keine Träne nachweinen sollte. Ich habe gekontert, sie sollten diesem »lächerlichen Ding« gefälligst etwas mehr Respekt erweisen, da es aus einer Zeit stamme, in der Neuseeland noch nicht von Weißen besiedelt war, aber es hat nichts genützt. Ich bekam reichlich Hohn und Spott ab für meine technische Rückständigkeit und dazu Fragen, ob es in Deutschland noch keine CD-Player und MP3-Player gebe.

Etwas voreilig hatte ich mir schon eine andere Kamera gekauft, die ich wieder loswerden wollte. Und es musste natürlich ein neuer Walkman her. Also habe ich mich näher mit dem Online-Auktionshaus »TradeMe« beschäftigt und bei denen die neue Kamera verkauft und gleichzeitig einen Walkman ersteigert. Es gibt also tatsächlich ein Land, in dem eBay über keine Monopolstellung bei Online-Auktionshäusern verfügt.

TradeMe begann vor acht Jahren als einfache Website für Kleinanzeigen. Inzwischen ist jeder vierte Kiwi angemeldet, und es wird alle zwei Sekunden etwas verkauft oder versteigert. Größter Vorteil von TradeMe ist der lokale Aspekt. Jeder dritte Neuseeländer wohnt in Auckland. Konzentriert man sich bei der Suche auf Auckland, kann man den Warenaustausch völlig risikolos abwickeln und sich persönlich treffen.

Der 30-jährige Gründer von TradeMe, Sam Morgan, ist Neuseelands liebstes Vorzeigekind für Unternehmergeist und Erfolg. Er hatte TradeMe damals aus Ärger darüber gegründet, dass in Neuseeland kein Internet-Auktionshaus am Markt war. Er hätte gerne einen alten Heizlüfter übers Internet verkauft. Mittlerweile hat Sam Morgan nicht nur seinen alten Heizlüfter verkauft, sondern kürzlich auch TradeMe an eine australische Verlagsgruppe für umgerechnet 380 Millionen Euro. Das dürfte ihm wohl eine Zeit lang für eine warme Mahlzeit täglich reichen.

Gruß vom Glückspilz

**Von:** berndhaeusler@gmx.de
**Betreff:** Lausiges Bier, exzellenter Wein
**Datum:** 19. September 2005
**An:** hans-on-the-road@gmx.de

Lieber Hans,

was macht man, wenn man in Neuseeland Spaß haben will? Logisch, man geht zum Rugby. Also war ich schon wieder im Eden Park. Auckland gegen die südliche Nachbarregion Waikato. Das bedeutet in puncto Rivalität so viel wie ein Fußballspiel Bayern München gegen 1860 München. Also ein weiteres sportliches Highlight. Ich war im Rahmen eines Abteilungsausflugs mit meinen Kollegen dort. Die Tickets und reichlich Bier vor, während und nach dem Spiel im Pub gingen auf Kosten von Villa Maria.

Dieser Pub-Besuch ist ein guter Anlass, um dir etwas über die extreme Kommunikationsfähigkeit der Kiwis zu erzählen. Tatort WC. Man kennt das ja von den Mädels – die gehen nie alleine hin. Scheint also ein unterhaltsamer Ort zu sein. Ich habe so meine eigenen Theorien, was die Frauen dieses Planeten auf dem WC treiben.

Bei Männern ist das wesentlich unkomplizierter: Man steht einsam und stumm vor seinem Pissoir und tut, was getan werden muss. Geredet wird dabei grundsätzlich nie, es geht einzig und allein darum, cool und unnahbar zu wirken. Nicht so in Neuseeland. Hier unterhält man sich auch auf dem stillen Örtchen über die wichtigen Dinge des Lebens, sprich Rugby. Besonders lebhaft waren die Gespräche auf dem WC in diesem Aucklander Pub natürlich nach dem grandiosen Sieg gegen Waikato. Mangels spezifischer Rugbykenntnisse musste ich mich zwar als unwissenden Touristen outen, das war aber eigentlich ganz angenehm. Lässt man nämlich mit einfließen, dass man aus Deutschland kommt, ist die Einladung zu einem Bier so gut wie sicher. Jeder Kiwi weiß, dass die Deutschen mit den höchsten Bierverbrauch pro Kopf weltweit haben. Das sieht man offensichtlich als Herausforderung. Im Pub hagelt es deshalb Einladungen zum Bier. Die Kiwis wollen offensichtlich beweisen, dass sie ebenfalls ordentlich schlucken können. Damit kann ich leben.

Es wird langsam eng. Alyson ist in ein paar Tagen zurück aus Europa, und am versprochenen Parkplatz für ihr Motorrad habe ich bisher ungefähr so viel gemacht, wie man sieht, wenn man die Augen geschlossen hat. Also habe ich am Wochenende bei einem Mietpark für Baumaschinen alles besorgt, was man als Bauarbeiter so braucht. Danach noch ins Männerparadies, sprich in einen dieser riesigen Baumärkte, in denen man sich verirren kann, und es konnte losgehen.

Erst einmal musste ein Baum dran glauben, der im Weg stand. Buddelt man sich von Auckland aus senkrecht durch die Erdkugel, kommt man irgendwo in Südfrankreich heraus. Ich schätze, dass ich schon auf halbem Weg Richtung Frankreich war. So tief musste ich nämlich in die neuseeländische Erde graben, um auch den letzten Wurzeln dieses widerspenstigen Baumes den Garaus zu machen. Nun galt es, den geschaffenen Krater mit Erde und Sand zu füllen und vor allem gut zu verdichten, um ein tragfähiges Fundament für den Belag mit Pflastersteinen zu schaffen. Dafür hatte ich einen dieser dieselmotorbetriebenen Rüttler ausgeliehen, die einen ohrenbetäubenden Lärm machen. Ein echter Belastungstest für ruhebedürftige Nachbarn. So befürchtete ich zumindest.

Der Rüttler musste am Montag frühmorgens zurück, sonst hätte ich eine Tagesmiete mehr berappen müssen. Somit hatte ich ein Problem, weil ich am Samstag nicht fertiggeworden war. Abends musste ich meinen Verpflichtungen als anständiger Neu-Kiwi nachkommen und zum Rugby gehen. Es half also nichts, ich musste am Sonntag noch einmal Krach machen.

Mit einem ziemlich schlechten Gewissen bin ich in der Nachbarschaft herumgeschlichen, um mir die Erlaubnis für eine erneute, mindestens zweistündige Lärmbelästigung einzuholen. Doch wie eigentlich zu erwarten war, haben es meine Kiwi-Nachbarn recht locker genommen. Dass ich am Samstag mitten in der Arbeit abbrechen musste, um zum Rugby zu gehen, dafür herrschte größtes Verständnis. Neuseeland ist zwar vorwiegend christlich geprägt, dass ich am heiligen Sonntag handwerkern wollte, war jedoch kein Problem.

Überhaupt geht man mit dem Thema Religion lockerer um als in anderen Ländern. Nur wenige Kiwis sind regelmäßige Kirchgänger, und für die meisten ist es ziemlich normal, neben dem christlichen Glauben auch an Feen, Trolle und Kobolde zu glauben. Die Kiwis gehören wohl zu den spirituellsten Völkern dieser Welt. Wer will es ihnen auch verdenken? Dass in dieser zauberhaften Landschaft übersinnliche Wesen unterwegs sind, ist nicht ganz abwegig.

Die Neuseeländer brauen lausiges Bier, dafür ist ihr Wein umso besser. So viel zusammenfassend zu den einheimischen Getränken. Ansonsten gibt es die üblichen Softdrinks von den üblichen Riesenkonzernen. Mit einer Ausnahme, wie ich zumindest lange Zeit dachte: L&P, eine Limonade mit Zitronengeschmack, die erfrischend anders schmeckt. »L&P – worldfamous in New Zealand« lautet die verheißungsvolle Botschaft auf den Flaschen. Dahinter muss ein erfolgreiches Kiwi-Unternehmen stecken. Weit gefehlt. L&P steht für Lemon und Paeroa. Und Paeroa ist keine exotische Frucht, wie ich lange Zeit dachte. Dahinter verbirgt sich der Name eines kleinen Dorfes östlich von Auckland. In Paeroa wurde vor rund 100 Jahren eine Quelle mit besonders wohlschmeckendem Wasser angebohrt. Das gemischt mit Zitrone – voilà, L&P war geboren.

Die Quelle ist inzwischen längst versiegt, und L&P gehört zum Coca-Cola-Konzern. Jetzt sorgen Chemiker dafür, dass das Zeug nach wie vor so schmeckt wie früher, als das Wasser noch aus der Quelle sprudelte. In einer ellenlangen Lobeshymne auf jeder Flasche bzw. Dose wird einem vorgegaukelt, dass man es mit einem einheimischen Drink aus dieser wunderbaren Quelle zu tun habe. »Vergesst den ganzen Importkram« – so steht es wirklich auf jeder Flasche geschrieben. Ein Marketingtrick von Coca-Cola. Aber das Zeug schmeckt nun mal.

Wo ich schon mal bei Getränken bin: Generell kreisen die Gespräche hier um das Thema Rugby. Sollten die taktischen Finessen der All Blacks beim letzten

Match dann doch einmal mehr als ausreichend diskutiert worden sein, dann unterhält man sich gerne über die Qualität verschiedener Kiwi-Biere. Dabei, so habe ich meine Kollegen gebeten, sollten sie besser die Vokabeln »gut« oder »besser« vermeiden.

Wer so die Klappe aufreißt, sollte ein As im Ärmel haben und jederzeit den Beweis antreten können, dass deutsches Bier tatsächlich besser ist. Mein As waren ein paar Flaschen deutsches Weizenbier, die ich noch von der Geburtstagsparty übrig hatte. Also habe ich am Freitag nach der Arbeit eine Kostprobe deutscher Braukunst gegeben. Weizenbiergläser gab's leider keine, darum habe ich den Gerstensaft nicht ganz stilecht in Rotweingläsern serviert.

Die ersten Reaktionen waren nicht gerade ermutigend. Mit skeptischen Blicken wurde das schäumende und trübe Bier beäugt. Es war wohl ein Fehler zu erklären, dass Weizenbier wegen der enthaltenen Hefe trübe aussieht. Mit Hefe kennt man sich hier nämlich aus. Die wird auch im Weinbau verwendet. Und Hefe ist nun mal ein Mikroorganismus, sprich viele kleine Lebewesen, die sich im Bier tummeln. Damit war es dann endgültig vorbei mit der Freude am deutschen Biergenuss. Na ja, eine große Weizenbiertrinkernation werden die wohl nie werden.

Sportliche Grüße von Bernd

**Von:** berndhaeusler@gmx.de
**Betreff:** Bei den wilden Weibern
**Datum:** 9. Oktober 2005
**An:** hans-on-the-road@gmx.de

Lieber Hans,

tja, früher. Das waren noch Zeiten. Die Frauen standen am Herd und zogen die Kinder groß. Unsereins gründete Motorradclubs, veranstaltete wilde Motorradtreffen und gab sich ganz dem coolen Dasein des Easy Riders hin. Für das weibliche Geschlecht war kein Platz. Und heute? Heute fahren die Mädels nicht nur Motorrad – sie gründen sogar schon eigene Clubs: WIMA – Women International Motorcycle Association. Auch Alyson mischt bei WIMA mit. Wenn man sich gut benimmt, darf man als Mann sogar an den Veranstaltungen teilnehmen.

Ja, so weit ist es mittlerweile gekommen. Eine traurige Entwicklung vom unnahbaren Macho-Rocker zum handzahmen Schoßhündchen. Ich war ein artiges Schoßhündchen und durfte deshalb am Charity-Ride der WIMA teilnehmen. Die Biker in Kiwiland lieben solche Wohltätigkeitsveranstaltungen. Regelmäßig organisieren verschiedene Motorradclubs diese Gruppenfahrten, bei denen Geld für einen guten Zweck gesammelt wird. Diesmal ging es darum, auf die hohe Brustkrebsrate bei neuseeländischen Frauen aufmerksam zu machen und Gelder für die Brustkrebsforschung zu sammeln.

Dem Ruf der WIMA-Frauen folgten mehr als 200 Bikerinnen. Darunter gemischt ein paar wenige Geschlechtsgenossen. Offensichtlich waren die meisten Männer nicht so artig wie ich.

Die Autofahrer gaben sich wie immer bei solchen Events nicht als Spielverderber. Jeder war ganz Kiwilike locker und entspannt, auch wenn wegen der eigens für den Motorradkonvoi gesperrten Straßen der Verkehr in der City zusammenbrach. Viele machten aus der Not eine Tugend, ließen das Auto wo es gerade stand und schauten dem Treiben vom Straßenrand aus zu.

Das Ganze hatte nämlich durchaus einen Unterhaltungswert, da einige WIMA-Ladies mit ganz sonderbaren und auffälligen Gefährten unterwegs waren. Da gab's die kleine Harley, die über und über mit rotem Plüsch überzogen und mit Spitzen besetzt war. Oder den Chopper mit kilometerlanger Gabel und turmhoher Lenkerkonstruktion, getreu dem Motto: »nie wieder Achselschweiß«. Oder Racing-Bikes, deren breite Hinterreifen jedem Sportwagen zur Ehre gereichen würden, oder das pinkfarbene Trike von Joanne, die ihre beiden Pudeldamen in einem Körbchen auf dem Rücksitz spazierenfährt. Joanne hieß früher einmal John, bevor sie sich »umbauen« ließ. Mit ihrem dreirädrigem Gefährt samt tierischer Besatzung ist sie manchmal etwas halsbrecherisch unterwegs. Dazu erklärte sie mir, dass einfach ab und zu der Mann in ihr durchbreche.

Bei all den ausgeflippten Bikes samt ausgeflippter

Fahrerinnen war ich froh, dass ich mit Francis eine sehr charmante Sozia für die Fahrt abbekommen habe. Lebenskünstler sind Menschen, die schon vollkommen glücklich sind, wenn sie nicht vollkommen unglücklich sind. Das sagte Danny Kaye. Francis ist eine Lebenskünstlerin. Sie genießt laut eigener Aussage ein paradiesisches Leben als Sprachlehrerin in ihrer Wahlheimat Tahiti. Gelebt und gearbeitet hat sie auch schon in Kenia, Istanbul, Sydney und sage und schreibe sogar ein paar Jahre in Tübingen. Die Gesellschaftsinseln, zu denen Tahiti gehört, sowie die Fidschis sind beliebte und schnell erreichbare Traumurlaubsziele für Kiwis. Francis macht es umgekehrt und urlaubt in Neuseeland.

Tja, ausgerechnet am Ende der Welt trifft man an jeder Ecke die interessantesten Menschen. Apropos Ecke: An jeder Ecke gibt's in der Umgebung von Auckland traumhafte Strände. Gerade mal 20 Kilometer aus der Metropole Auckland heraus, und man hat die schönsten Strände fast für sich alleine.

Francis fand Gefallen am Bikerdasein. Ich bin nach dem Charity-Ride deshalb mit ihr zu einem dieser Traumstrände gefahren: Karekare im Westen Aucklands. Es mag solch schöne Strände auch in Europa geben, da liegen die Sonnenhungrigen dann aber aneinandergedrängt wie die Sardinen in der Büchse. In Karekare treffen sich selbst an einem schönen Sonntagnachmittag nur eine Handvoll Leute. Und das, obwohl der Strand bekannt ist für seine bizarre Schönheit – die Strandszenen des Kinokassenknüllers »Das Piano« der neuseeländischen Regisseurin Jane Campion wurden hier gedreht. Sie hat mit dem Film als erste und bislang einzige Frau die goldene Palme bei den Filmfestspielen von Cannes gewonnen.

Francis ist Französin und damit quasi, dem nationalen Ehrgefühl entsprechend, verpflichtet, einen schönen Tag stilvoll mit gutem Essen zu beenden. Wir haben das am »eigenen Strand« von Kohimarama so gemacht. Dort gibt es fest installierte Gasgrills, die jedermann kostenlos benutzen kann. Nach ein paar saftigen Steaks vom Grill haben wir den Tag würdig mit einer Flasche gutem Rotwein am Strand sitzend beendet.

Gruß, Bernd


**Von:** berndhaeusler@gmx.de
**Betreff:** Ausflug zur Bay of Islands
**Datum:** 14. Oktober 2005
**An:** hans-on-the-road@gmx.de

Lieber Hans,

100 Tage im Amt. Für Politiker ein Zeitraum, nach dem ein Fazit gezogen wird. Das hat stets äußerst positiv auszufallen, für nach wie vor vorhandene Missstände sind selbstverständlich die Versager der Vorgängerregierung verantwortlich zu machen. Das scheint so eine Art Naturgesetz zu sein.

100 Tage Bernd Häusler in Neuseeland. Doch »no worries«, lieber Hans, ich ziehe jetzt kein überlanges, gähnend langweiliges Fazit und lobhudele mit mir selbst. Für mich ist es mehr ein Anlass, einmal darüber nachzudenken, was ich eigentlich künftig in Neuseeland machen werde. Da ist ja noch die Sache mit dem gut bezahlten Bankjob, den mir Jo Anne von der Personalagentur vermitteln wollte. Aber Kohle hin oder her – meinst du, ich würde meinen paradiesischen Freiluftarbeitsplatz bei Villa Maria aufgeben um mich stattdessen hinter einen Schreibtisch setzen? Eben. Jo Anne habe ich deshalb einen Korb gegeben.

Und trotzdem werde ich Ende Dezember meine Zelte bei Villa Maria abbrechen. Dann ist Sommer in Neuseeland und damit die ideale Zeit, um endlich den Rest des Landes zu erkunden. Wegen der Festanstellung bei Villa Maria ging das bisher nicht, da mein Vertrag keine Urlaubstage vorsieht. Da bleiben mir nur die Wochenenden für Ausflüge in die nähere Umgebung. Das ist auf Dauer zu wenig. Ich hoffe, dann ab Januar 2006 auf der Südinsel wieder einen ordentlichen Job zu finden, vorzugsweise mit Arbeit im Freien.

Bleiben wir gleich beim Thema Ausflüge: Gesetzliche Feiertage in Neuseeland haben eine angenehme Eigenschaft. Sie sind nämlich immer an einem Werktag. Fällt ein weltlicher Feiertag auf ein Wochenende, dann wird er kurzerhand auf den folgenden Montag verlegt. Diesen Montag war so ein flexibler Feiertag – Labour Day, der Tag der Arbeit, an dem an die Einführung der 40-

Stunden-Woche im Jahr 1840 gedacht wird. Das bedeutete also drei freie Tage am Stück. Die sollten reichen, um den äußersten Norden Neuseelands einmal genauer unter die Lupe zu nehmen.

Nördlich von Auckland ist Neuseeland lang und schmal. Es sind gut 500 Kilometer bis zur nördlichsten Spitze, dem Cape Reinga. Bis dorthin ist die Landmasse nie breiter als 90 Kilometer. Oftmals sehr viel schmaler. Bis auf zehn Kilometer Breite schrumpft das Land an einer Stelle zusammen.

Wenn ich schon mal dabei bin, mit Kilometerangaben um mich zu werfen, hier noch mehr: 300 Kilometer sind es bis zur Bay of Islands, und die wollte ich am Freitag nach Feierabend noch erreichen. Ein subtropisches Klima, rund 150 vorgelagerte Inseln, exquisite Tauch-, Segel- und Angelreviere sowie eine große Portion Geschichte sind die Zutaten, welche die Bay of Islands zu einem der Tourismuszentren des Landes machen.

Und langsam strömen sie auch ins Land, die vorwiegend deutschen Touristen, unterwegs Richtung Norden in gemieteten Wohnmobilen auf dem State Highway 1. Der durchzieht das ganze Land vom Süden der Südinsel bis fast zum Cape Reinga. Das Straßennetz Neuseelands ist nicht besonders dicht. Den Highway ganz zu meiden deshalb schwierig. Ich hab's fast geschafft, der Gott der Schotterstraßen hat es zudem außerordentlich gut mit mir gemeint. Er hat mir die »Gravel Roads« genau dann beschert, wenn ich sie wollte und dazu immer in der Länge, wie es mir gerade angenehm war. Ideal für einen Pseudo-Enduristen wie mich. Ausschließlich auf Schotter unterwegs zu sein, erfordert viel Konzentration und ist auf Dauer sehr anstrengend. Da kam mir dieses ungewöhnliche Wechselspiel zwischen Schotter und Asphalt sehr gelegen. Ungewöhnlich deshalb, weil die Straßenbeläge oft ohne erkennbaren Grund wechseln, gerade so, als ob zwischendurch immer wieder mal das Geld ausgegangen wäre, um die Lücken im Asphalt zu schließen. Oder es sind eben doch die zuständigen Behörden für Straßenbau, welche die Straßen exakt nach den Bedürfnissen von Hobby-Schotterern wie mir planen und deshalb immer wieder Erholungsstrecken auf Asphalt einbauen.

Paihia ist der touristische Hauptort in der Bay of Islands und war mein Ziel für Freitag Abend. Trotz der zeitraubenden Zickzack-Fahrt auf Nebenstraßen hätte ich Paihia prima vor Einbruch der Dunkelheit erreichen können. Die GS hat mir aber einen Strich durch die Rechnung gemacht. Sie wollte nämlich plötzlich nicht mehr so richtig, hat das Gas nur zögerlich angenommen und ließ sich nur sehr widerwillig bewegen. Es fühlte sich an, als würde ein Zylinder den Dienst verweigern, was aber nicht der Fall war. Mit Müh' und Not habe ich es bis zum Campingplatz außerhalb von Paihia geschafft.

Der Frühling scheint sich mehr und mehr zur Hauptsaison in Neuseeland zu mausern. Die Wohnmobile standen auf dem Campingplatz wie an einer Perlenkette aufgereiht, so dass ich mein Zelt gerade noch irgendwo dazwischenquetschen konnte. Der Campingplatzbesitzer meinte dann auch, dass Deutschland jetzt leer sein müsse, weil alle bei ihm auf dem Campingplatz seien. Was das Motorrad betrifft, bin ich der Einfachheit halber von einer Wunderheilung über Nacht ausgegangen und habe mich am Abend nicht mehr darum gekümmert. Ich bin lieber nach Paihia marschiert, um mir einen vergnüglichen Abend zu machen.

Doch dafür war ich leider zu spät dran. Mir wurde schon mehrfach gesagt, dass es außerhalb von Auckland kein Nachtleben gebe. Geglaubt habe ich es nie so recht. Jetzt weiß ich es. Selbst in der Touristenhochburg Paihia war es schwierig, abends um 10.00 Uhr noch etwas zu Essen aufzutreiben. Ich bin letztlich zwar noch satt geworden, aber für das eine oder andere Bierchen in einem der gemütlichen Pubs hat es nicht mehr gereicht. Die hatten um 23.00 Uhr schon alle Türen verrammelt. Sonderbar für einen Tag mit sommerlichen Temperaturen und genügend durstigen deutschen Touristen, die guten Bierumsatz gesichert hätten.

Eine Wunderheilung gab es leider nicht, die GS hat am Samstag immer noch Zicken gemacht. Die Zündkerzen überprüfen – das war alles, was mir als Laie dazu einfiel. Die Zündanlage schien aber okay zu sein, der Zündfunken kam an beiden Zylindern ordentlich an. Es blieb der böse Verdacht auf ein teures Problem mit der Einspritzanlage. Daran kann ich selbst ohnehin nichts reparieren. Also bin ich erst mal weitergezuckelt in der Hoffnung, dass es bald besser würde. Nach einem Tankstop in Paihia lief der Motor dann tatsächlich wieder fast rund. Hatte ich nur schlechten Sprit getankt?

In Paihia dreht sich alles um Wassersport. Überall entlang der Küstenstraße tummeln sich die Anbieter für Segeltörns, Angeltouren und Tauchtrips. Highlight sind die halbtägigen »Cream Trips«, Bootsfahrten entlang einer Route, auf der früher bei Farmern der vorgelagerten Inseln die Milch eingesammelt wurde. Zum Programm dieser Bootsausflüge gehört das Schwimmen mit Delfinen und, falls es der Seegang zulässt, die waghalsige Fahrt durch das »Hole in the Rock«, einen natürlichen Felsdurchbruch.

Die Bay of Islands ist eine geschichtsträchtige Region. 1642 landete der holländische Seefahrer Abel Tasman als vermutlich erster Europäer an der neuseeländischen Westküste. Vorsichtshalber haben die Maori mehreren seiner Matrosen zur Begrüßung die Köpfe abgeschlagen. Abel Tasman selbst hat die Insel deshalb nicht betreten, und es dauerte mehr als 100 Jahre, bis sich wieder ein Europäer in Neuseeland blicken ließ – 1769 umsegelte der Engländer James Cook Neuseeland und entdeckte dabei die heute nach ihm benannte Meeresstraße zwischen Nord- und Südinsel. Er ankerte schließlich in der Bay of Islands, hisste den Union Jack und nahm das Land für die englische Krone in Besitz.

In wenigen Minuten erreicht man mit der Fähre von Paihia das Städtchen Russell auf der gleichnamigen

Halbinsel. Hier haben sich in den 1790er-Jahren die ersten europäischen Siedler niedergelassen. Die Crème de la Crème der Gesellschaft war das allerdings nicht, es handelte sich vielmehr um rüpelhafte Robben- und Walfänger. Die sahen ihren Lebensinhalt darin, Maorifrauen flachzulegen und sich unablässig zu besaufen. Die Sitten in Russell waren entsprechend roh, was dem Städtchen unter Seefahrern den Beinamen »Höllenloch des Pazifik« einbrachte. Anfang des 19. Jahrhunderts war es dann vorbei mit dem Lotterleben. Christliche Missionare sorgten ab 1814 für Zucht und Ordnung in der Bay of Islands. Was offenbar nicht allzu schwierig war. Jedenfalls blieb den Missionaren noch Zeit, die Eingeborenen in Ackerbau und Viehzucht zu unterrichten, die Bibel in die Sprache der Maori zu übersetzen und diese zum Christentum zu bekehren.

Im Laufe der Zeit kamen immer mehr Briten auf der Flucht vor dem starren Klassensystem Großbritanniens nach Neuseeland. Gleichzeitig richteten auch die Franzosen begehrliche Blicke in Richtung der neu entdeckten Insel. Der französische Baron Charles de Thierry hatte sich sogar erdreistet, 1837 an der Westküste die französische Flagge zu hissen und sich selbst zum obersten Häuptling Neuseelands auszurufen. Für Queen Victoria eine nicht hinnehmbare Provokation des Erzfeindes Frankreich. Es musste gehandelt werden. Britanniens Regierung beauftragte den Marineoffizier William Hobson, mit den Maorihäuptlingen über eine Abtretung ihrer Souveränität zu verhandeln und

Neuseeland zur englischen Kolonie zu machen. Am 6. Februar 1840 kamen die Verhandlungen zu einem erfolgreichen Abschluss, und 46 Häuptlinge unterzeichneten den »Treaty of Waitangi«, der heute als Gründungsurkunde des neuseeländischen Staates gilt. Die Maorihäuptlinge haben darin ihre Herrschaftsansprüche an die britische Krone abgetreten. Im Gegenzug erhielten die Ureinwohner den Status von britischen Staatsbürgern.

Von Paihia aus zwei Kilometer die Straße hinauf liegt Waitangi und das gepflegte Areal mit dem Treaty House, in dem der Vertrag unterzeichnet wurde. Ich habe mir im Besucherzentrum die audiovisuelle Vorführung zur Gründungsgeschichte Neuseelands angeschaut. Sie wird von einem Maori erzählt und handelt von ausnahmslos friedfertigen Maoristämmen, die sich alle über die Ankunft der netten Kolonialherren gefreut haben. Waren dann mal welche nicht ganz so nett, gab es zum Glück die Missionare, die den Maori christliche Nächstenliebe lehrten. Der nette Offizier Hobson lud alle ihre Stammeshäuptlinge ein, den »Treaty of Waitangi« zu unterzeichnen, in dem stand, dass die Maori künftig von Königin Victoria beschützt würden. Und fortan lebten alle glücklich und zufrieden bis ans Ende ihrer Tage. Soweit der Vortrag.

Die Realität sah leider anders aus. Der Vertrag garantierte den Maori den Besitz ihrer Ländereien, Wälder und Fischgründe. Dafür gestanden sie der britischen Regierung das alleinige Recht zu, ihr Land kaufen zu dürfen. Die Maori hatten aber keinerlei Vorstellung von Grundbesitz und waren sich oftmals nicht darüber im Klaren, was der Verkauf von Land wirklich bedeutete. Zudem wurde der Vertrag fehlerhaft in die Maori-Sprache übersetzt.

Die britischen Siedler brachen ihn häufig. Wenn die Maori ihr Land nicht verkaufen wollten, eigneten sie es sich gewaltsam an. Die Streitereien über unrechtmäßige Landenteignungen halten bis in die Gegenwart an. Ausgefochten werden sie heute auf offiziellem Weg über das eigens eingerichtete Waitangi-Tribunal, wo versucht wird, begangenes Unrecht wieder gutzumachen.

Inzwischen genießt die Maori-Kultur ein hohes Ansehen, 1987 wurde Maori neben Englisch zweite Amtssprache, Hinweisschilder sind heute im ganzen Land zweisprachig beschriftet. Zuweilen treibt der Maorikult allerdings sonderbare Blüten, und beflissene Politiker sind etwas übereifrig, wenn es darum geht, der Maori-Kultur nach über einem Jahrhundert europäischer Vorherrschaft die erforderliche Anerkennung zu zollen. Zum Beispiel wurde vor einiger Zeit ein großes Straßenbauprojekt eingestellt: Die im betreffenden Gebiet lebenden Maori hatten sich beschwert, die Bauarbeiten würden ein im Sumpf lebendes Seeungeheuer stören. Kritisch werden mittlerweile auch die auf aktuellen Grundstückspreisen basierenden, astronomisch hohen Entschädigungssummen gesehen, die sich auf Enteignungen beziehen, die vor 150 Jahren stattfanden.

Mein Bedarf an Geschichte war nach der Besichtigung des Treaty House bestens gedeckt. Mich zog es nun mit Volldampf Richtung Norden. An der Ostküste wartete eine Straße mit einem verheißungsvoll klingenden Namen – die »Million Dollar View Road«. Die zweigt vom State Highway 10 ab und führt in einer 30 Kilometer langen Kurvenparade an einer atemberaubenden Steilküste entlang. Dazu der Blick auf ein saphirblaues Meer, durchbrochen von leuchtend grün bewachsenen Inseln – da erscheint der Straßenname durchaus nicht zu hoch gegriffen.

Irgendwo da draußen an diesem paradiesischen Ort liegt das Greenpeace-Schiff »Rainbow Warrior« auf dem Meeresgrund. Auf dem Weg nach Polynesien zu einer Protestaktion gegen französische Atomtests ankerte die »Rainbow Warrior« 1985 im Hafen von Auckland, wo sie vom französischen Geheimdienst durch an der Außenhaut angebrachte Sprengladungen versenkt wurde. Ein Besatzungsmitglied kam dabei ums Leben.

Die Erinnerung an diesen, in der Geschichte des Landes einmaligen kriegerischen Akt, treibt heute noch vielen Kiwis die Zornesröte ins Gesicht, zumal Neuseeland ein Land frei von Atomenergie ist. Die beiden Agenten, die die Sprengsätze anbrachten, wurden zwar zu mehrjährigen Haftstrafen verurteilt. Doch dass die französische Regierung sie zu deren »Verbüßung« auf ein idyllisches Atoll im Südpazifik schickte, trug nicht unbedingt zur Glättung der Wogen bei. Die »Rainbow Warrior« wurde später aus dem Hafen zur Bay of Islands geschleppt und ist heute ein beliebtes Tauchziel.

Der äußerste Norden Neuseelands ist ein 100 Kilometer langer, meist nicht mehr als 15 Kilometer breiter Streifen, der auf der Karte aussieht wie ein lästiger Wurmfortsatz der restlichen Insel. Cape Reinga am Ende dieses Wurmfortsatzes ist ein Anziehungspunkt für Touristen die glauben, hier am nördlichsten Punkt Neuseelands zu stehen. Ein Blick auf die Karte verrät aber, dass das nicht stimmt. Der nördlichste Punkt Neuseelands liegt einige Kilometer weiter östlich, ist jedoch nicht durch eine Straße erschlossen. Und will man richtig klugscheißern, dann stimmt noch nicht einmal das. Nördlich der Nordinsel liegen nämlich noch ein paar kleinere unbewohnte Inseln, die zum neuseeländischen Staatsgebiet gehören.

Das Cape Reinga spielt in der Mythologie der Maori eine bedeutende Rolle: Die Seelen der Verstorbenen treten von hier aus ihre Reise ins Jenseits an. Nach einem ausgedehnten Mittagsschlaf im Gras liegend, hatten jedoch weder ich noch meine Seele Lust auf eine größere Reise, vor allem nicht ins Jenseits. Ich habe mir deshalb ein ruhiges Plätzchen zum Wildcamping gesucht und bin früh schlafen gegangen, um für das fahrerische Highlight des nächsten Tages ausgeruht zu sein.

Das schmale Stückchen Neuseeland auf den letzten 100 Kilometern bis zum Cape Reinga ist überschaubar besiedelt. Vier oder fünf Dörfer, wenn man Ansiedlungen mit zehn Häusern überhaupt so bezeichnen kann, das war's. Da bedarf es keines besonders engen Straßennetzes. Im Wesentlichen ist es nur der State Highway 1, der sich bis zum Cape Reinga schlängelt. »Im Wesentlichen« heißt aber auch, dass es noch andere Straßen gibt. Und damit ist vor allem der 90 Mile Beach gemeint, das erwähnte fahrerische Highlight.

Dieser 90 Mile Beach ist wieder mal ein Strandabschnitt, der nicht nur Strand ist, sondern zum offiziellen Straßennetz Neuseelands gehört. Dass es so etwas gibt, daran habe ich mich schon gewöhnt. Aber hier wartet eine Besonderheit: Die Länge des befahrbaren Abschnitts. 90 Meilen, denkst du? Falsch! Es sind genau 63 Meilen. Warum dann also der Name 90 Mile Beach?

Ich weiß es nicht, und es ist mir auch egal. 63 Meilen sind rund 100 Kilometer. Das ist lang genug, um sich ordentlich austoben zu können. Nah am Wasser ist die Fahrbahn relativ fest, so dass man auch ohne Rallye-Paris-Dakar-Champion zu sein, problemlos mit mehr als 100 Sachen am Strand unterwegs sein kann. Vorsicht ist trotzdem geboten, da der 90 Mile Beach stark befahren ist und viele Kiwis hier den Schumi in sich ausleben.

Tourveranstalter bieten sogar Bustouren entlang des Strandes an. Man stelle sich nur vor, es käme hier zu einem Unfall und man müsste seiner deutschen Krankenversicherung den Hergang schildern: »Liebe Krankenversicherung, wie üblich war ich mit meiner BMW am Strand unterwegs. Ich versichere Ihnen (erkennst du das Wortspiel?), dass ich die gültige Geschwindigkeitsbegrenzung von 100 km/h nur minimal überschritt. Plötzlich tauchte vor mir ein zunächst nicht identifizierbares Hindernis auf. Dieses entpuppte sich beim Näherkommen als voll besetzter Reisebus, der mit fast gleicher Geschwindigkeit unterwegs war wie ich. Als ich gerade zum Überholen ansetzte, scherte der Busfahrer nach rechts aus und drängte mich ab. Ich war gezwungen, ins Meer auszuweichen, wo ich zu Fall kam und beinahe ertrunken wäre.«

Ob die Versicherung zahlen würde? Die Einweisung in eine geschlossene Anstalt wäre vermutlich wahrscheinlicher.

Meine schlechten Erfahrungen mit den Gezeiten habe ich, wie du weißt, schon gemacht und bin entsprechend wachsam geworden. Wachsamkeit ist am 90 Mile Beach unbedingt erforderlich. Die Flut kommt schnell und mit aller Macht, teilweise bis zu drei Meter hoch. Dummerweise gibt es nur zirka alle 20 Kilometer die Möglichkeit, durch die hohen Sanddünen den Strand zu verlassen. Wenn man den vielen Warnschildern glauben darf, haben hier schon einige ihre teuren Geländewagen an die Flut abgegeben.

Mit ausgedehnten Pausen zum Sonnenbaden habe ich mich den ganzen Tag am Strand herumgetrieben. Ich wollte die schönste Tageszeit am 90 Mile Beach mitnehmen, den Abend. Am Strand entlang in die untergehende Sonne hineinzufahren ist etwas für echte Romantiker. Übrigens, weil ich immer wieder danach gefragt werde: Auch hier geht die Sonne im Westen unter. Gewöhnungsbedürftig ist nur, dass sie mittags im Norden steht.

Eher ungeeignet für Romantiker war mein heutiger Schlafplatz. Einer dieser monströsen und seelenlosen Campingplätze mit Unmengen von Verbotsschildern, wie gemacht für ordnungsliebende Deutsche. »Betreten Sie nicht den frisch gemähten Rasen«, »pinkeln Sie nicht in die Dusche«. So ähnlich jedenfalls.

Das lange Wochenende um den Labour Day ist traditionell der Startschuss in die Sommersaison. Die Kiwis fahren hinaus zu ihren Hütten am Strand, »Baches« genannt, und entstauben den Grill und die Gartenmöbel, um ein feucht fröhliches verlängertes Wochenende zu verbringen. Auckland ist über dieses Wochenende wie ausgestorben.

Montags fahren dann alle zurück. Auch dieses Mal. Auf dem Highway war entsprechend die Hölle los. Schon 100 Kilometer vor Auckland standen die Autos Stoßstange an Stoßstange. Und wie heißt es im Radio immer so schön: Auch die Ausweichstrecken sind überlastet. Einzig die vielen kleinen Wald- und Wiesenwege über Stock und Stein waren frei. Die sind eigentlich nur für Farmfahrzeuge zugelassen. Ist die GS ein Farmfahrzeug? Ich denke im weitesten Sinne schon. Also bin ich Feldwege gefahren, weil ich keine Lust hatte, mich mit der Blechlawine Richtung Auckland zu quälen. Die Strafe dafür folgte prompt: Einige heftige Regengüsse bescherten mir eine feuchte Heimfahrt.

Apropos Wetter und Wettervorhersagen. Warum es in Neuseeland Wettervorhersagen im Fernsehen und in Zeitungen gibt, ist mir schleierhaft. Sie treffen so gut wie nie zu. Der Platz könnte sinnvoller für bezahlte Anzeigen genutzt werden. Der Grund für das äußerst wechselhafte Wetter ist die isolierte Lage Neuseelands im großen, weiten Ozean. Diese Lage produziert Extreme, an die ich mich noch immer nicht gewöhnt habe. Beispiel Cape Reinga: Die letzten 20 Kilometer sind Schotterstraße. Die Sonne lacht vom strahlend blauen Himmel. Plötzlich eine riesige schwarze Wolke, aus der es schüttet wie aus Kübeln. Das Wasser läuft in Bächen die Schotterstraße hinab und verwandelt die Piste in Schmierseife. Fünf Kilometer weiter ist der Spuk vorbei, die Straße trocken und über mir strahlend blauer Himmel. Verrückt.

Der Winter war mild, der August wunderschön mit wochenlangem Sonnenschein und Temperaturen bis 20 Grad. Mit dem Frühlingsbeginn kam das Schmuddelwetter. Mitte September bis Mitte Oktober war total verregnet und zum Teil richtig kalt. Da habe ich die Schattenseiten einer Tätigkeit im Freien zu spüren bekommen. Aber jetzt ist wieder alles gut. Von wenigen Ausreißern mit heftigen Schauern am Wochenende abgesehen, herrscht wieder bestes Wetter bei Temperaturen von über 20 Grad. Der Sommer kommt.

Nach dem langen Wochenende stand mir eine harte Woche mit Arbeit am Samstag und Sonntag bevor. Am folgenden Wochenende gab es nämlich eine Großveranstaltung, bei der alle ranklotzen mussten: Das Servicepersonal aller Aucklander Restaurants und Bars wurde zum Stelldichein geladen und erhielt die Gelegenheit, die gesamte Produktpalette zu testen.

Ein cleverer Schachzug der Marketingleute von Villa Maria. Unter dem Deckmäntelchen eines Infotages lässt man Thekenkräfte und Bedienungspersonal eine rauschende Party auf Kosten der Firma feiern. Nicht schlecht, und unter dem Strich macht sich das bestimmt bezahlt. Die Bedienung im Restaurant wird gerne das Weingut anpreisen, das ihr einmal im Jahr ein kostenloses Besäufnis bietet.

Aber nicht nur die Marketingleute bei Villa Maria sind clever. Vor allem unser aller Boss, George Fistonich, ist ein ganz Schlauer. Was er hier in den letzten Jahren aus dem Boden gestampft hat, brachte ihm diese Woche den Titel »Manager des Jahres in Neuseeland« ein. Das war ein Grund zum Feiern für alle und wurde nach Feierabend mit Schampus begossen.

George entstammt einer jugoslawischen Familie mit langer Weinbautradition. Seine Großeltern waren vor gut 100 Jahren zusammen mit anderen jugoslawischen Einwanderern die Ersten, die in der Gegend um Auckland Wein anbauten. Den kleinen Familienbetrieb seiner Eltern hat George zu dem gemacht, was er heute ist: das größte in Privatbesitz befindliche Weingut Neuseelands.

Trotz allem Erfolg ist George immer auf dem Teppich geblieben. Als einer der reichsten Männer Neuseelands wohnt er in einem unscheinbaren Haus, fährt ein unscheinbares Auto und wird sich bestimmt nicht ganz wohl in seiner Haut fühlen, wenn er bald in der Glamour-Welt von Monte Carlo zusammen mit Preisträgern anderer Länder die Ehrung als Manager des Jahres entgegennehmen wird.

In der Mittagspause bin ich oft mit Dave zusammen, einem Techniker bei Villa Maria. Er ist ein lebendes Beispiel für die Besonderheiten des Kiwi-Slangs. Zum Beispiel Schimpfwörter. Es gibt viele Kiwis, die ohne das schöne Wörtchen »fuck« in allen Variationen nur halb so viel zu sagen hätten. Dave ist einer davon. »Fuck« gehört bei ihm zu jedem anständigen Satz: »It's fucking hot«, »fuck all this bullshit«, »fuck the fucking Aussies« und so weiter. Das Repertoire ist unerschöpflich. Ansonsten sind »shit«, »piss«, »damn« und »arse« sehr beliebt. Wenn etwas bescheuert ist, umschreibt man es mit »bloody«, wohl erzogene Kiwis verwenden die abgemilderte Form „blimming". Das ist alles ziemlich kompliziert oder anders ausgedrückt: »bloody, fucking shit«.

Auch die Begrüßungsformeln unterliegen eigenen Regeln. Bis exakt 12.00 Uhr mittags wird »good morning« gesagt, danach »good afternoon«. Wer auf Nummer sicher gehen will und stattdessen mit »g'day« (ausgesprochen »gidday«) grüßt, macht sich lächerlich, denn das ist Aussie-Slang.

Dem obligatorischen »good morning« oder »good afternoon« folgt zwingend die Frage nach dem »how are you« oder in anderen Variationen: »how do you do«, »how is it going«. Diese Fragen sind als Begrüßungsformeln zu sehen, man erwartet keinesfalls Ausführungen in epischer Breite zum Wohlbefinden seines

Gegenübers. Als Antwort reichen deshalb »not bad«, »not too bad«, »pretty good« oder »I'm fine, thanks«. Vergisst man daraufhin, wie unbedingt erforderlich, seinerseits zu fragen, wie es geht, sagt der andere trotzdem automatisch »I'm fine, thank you«. Sehr gewöhnungsbedürftig. Wenn ich es mir recht überlege, ist unser süddeutsches »Grüß Gott« im genauen Wortsinn aber auch ziemlich schräg.

Eine Besonderheit bei den Begrüßungsritualen gibt es nach Spielen der All Blacks. Es ist dann unerlässlich, wirklich ausnahmslos jeden zu fragen, ob er das Spiel gesehen habe. Eigentlich eine blöde Frage, denn es ist klar, dass jeder das Spiel gesehen hat. Die Frage dient nur als Einleitung, um kurz über die wieder mal unglaubliche Leistung der All Blacks zu reden. Wer mit einer Gegenfrage »welches Spiel?« antwortet, wird entgeistert angestarrt und outet sich als unwissender Tourist.

Abkürzungen machen den Kiwi-Slang aus. Während sich der Rest der englischsprachigen Welt am double-you-double-you-double-you-dot die Zunge bricht, sagt der Kiwi einfach »dub-dub-dub«. Kein englischsprachiger Mensch kann »Volkswagen« ordentlich aussprechen. Der Kiwi versucht es erst gar nicht und sagt ganz einfach »vi-dub«. Wer »one K« sagt meint einen Kilometer, wer gern vor der Glotze sitzt schaut »telly«, und trotz der Übermacht der Fastfood-Ketten gibt es noch Kiwis, die »veges«, also Gemüse essen. Als ich neulich mit der Bedienung unseres High-Tech-Aufsitzrasenmähers nicht klar kam, meinte der Kollege nur trocken: »RTFM.« Wie bitte? »Read the fucking manual«. Na denn.

Die britischen Wurzeln schlagen sich auch im Sprachgebrauch nieder. Eine Arbeitspause wird immer mit dem Satz »let's have a cup of tea« eingeleitet. Ich habe noch nie jemanden erlebt, der dann tatsächlich Tee getrunken hätte.

Ansonsten stehen Verniedlichungen hoch im Kurs. Weihnachten ist »chrissy« und die Geschenke dazu sind die »chrissy pressies«. Die Post wird vom »postie« gebracht, braucht man einen Elektriker, ruft man den »sparkie«. »Lefties« sind Linkshänder und »gummies« sind keine Kondome, sondern die Gummistiefel, ohne die ein Farmer in Neuseeland nicht richtig angezogen ist. Ein »barbie« hat nichts mit Puppen zu tun, sondern ist Ausdruck für die Sommer-Lieblingsbeschäftigung aller Kiwis, das Barbecue. Wenn in Deutschland ein nachbarschaftlicher Wettstreit darüber entbrennt, wer das dickste Auto fährt, dann geht es hier darum, wer den dicksten Grill auf der Terrasse stehen hat. So mancher Kiwi könnte mit seinem Gerät ein ganzes Schwein grillen.

Verabschieden tut man sich immer mit »see ya«.
In diesem Sinne – see ya, Bernd.

**Von:** berndhaeusler@gmx.de
**Betreff:** Schauspieler, Terroristen und pfeilschnelle Ladies
**Datum:** 16. November 2005
**An:** hans-on-the-road@gmx.de

---

Lieber Hans,

wir hatten schon wieder einen Feiertag – Guy Fawkes Day. Ein Feiertag britischen Ursprungs, der ausnahmsweise auf einen Samstag fiel. Er erinnert an einen üblen Burschen namens Guy Fawkes, der im 17. Jahrhundert versuchte, das britische Parlament in die Luft zu jagen. Es blieb allerdings beim Versuch. Dafür wurde er gehängt. Um sicherzustellen, dass der arme Kerl auch wirklich mausetot ist, wurde er anschließend noch geviertelt.

Diesem frühen Terroristen zu Ehren wird nun Jahr für Jahr im ganzen Land ein Riesenfeuerwerk veranstaltet. Die Kiwis behaupten, es werde lediglich der missglückte Attentatsversuch und die Festnahme von Guy Fawkes gefeiert. Gewisse sarkastische Stimmen meinen jedoch, dass sie Guy Fawkes als den Mann feierten, der als einziger jemals das britische Parlament mit redlichen Absichten betrat.

In der City sind Feuerwerke aus Sicherheitsgründen verboten, und am Himmel über Auckland brauten sich gegen Abend dunkle Gewitterwolken zusammen. Ich habe deshalb darauf verzichtet, zu Ehren eines stümperhaft arbeitenden mittelalterlichen Terroristen zu feiern und habe mir stattdessen mit Alyson und ein paar Leuten aus ihrem Freundeskreis einen Film im Kino angesehen. »The world's fastest Indian« ist die Verfilmung der Lebensgeschichte des exzentrischen Vollblut-Kiwis Burt Munro mit Anthony Hopkins in der Hauptrolle. Burt Munro war ein Motorrad-Enthusiast, der in der Salzwüste von Bonneville/USA mit einer selbst umgebauten Indian mehrere Geschwindigkeitsweltrekorde für Motorräder aufstellte. 1967 erreichte er dort im Alter von 68 Jahren 295,44 Stundenkilometer – ein heute noch gültiger Rekord in der Klasse bis 1.000 ccm.

Der Film stellt Burt Munro als kauzigen Kiwi-Kerl dar, der in der Werkstatt bei seiner Indian wohnte, den Rasen mähte, indem er ihn abfackelte, und selbst im gesetzten Alter ein rechter Casanova war. Doch wie sieht es mit dem Wahrheitsgehalt solcher Hollywood-Geschichten aus? Glücklicherweise passte diesmal das meiste. Wir hatten Faye im Kino dabei, eine Enkelin von Burt. Sie erkannte in den meisten Geschichten im Film ihren Opa lachend wieder.

Das Weltrekordmotorrad von 1967 fristet heute ein stiefmütterliches Dasein in einem Baumarkt in Invercargill, der Heimatstadt Burt Munros im äußersten Süden der Südinsel.

Motorrad fahren für einen guten Zweck! Am Wochenende war es wieder soweit – ein Charity Ride stand an. Diesmal organisiert vom BMW-Club, um auf die steigende Kinderarmut in Neuseeland aufmerksam zu machen.

Sollte es sich in Kiwiland herumgesprochen haben, dass ein junger, attraktiver Abenteurer mit seiner BMW aus Deutschland im Land unterwegs ist? Wie sonst war es zu erklären, dass auffallend viele Teenager als Sozias bei ihren Daddys am Start waren? Ein Traum, der ausgeträumt war, sobald ich am Sammelplatz ankam. Die Mädels stürzten sich kreischend auf Charley Boorman, der als Zugpferd für die Veranstaltung engagiert worden war.

Das Schlimme daran – ich wusste noch nicht einmal, wer dieser Typ ist. Ein Schauspieler, erfuhr ich, stahl mir hier die Show. Weshalb ausgerechnet der örtliche BMW-Händler so kräftig die Werbetrommel rührte und Charley Boorman auf einer aufgemotzten R 1200 GS dem Konvoi voranfahren ließ? Wohl weniger wegen seiner Schauspielkünste als vielmehr wegen der Motorradreise, die er mit seinem Schauspielerkollegen Ewan McGregor (du weißt schon: Star Wars, Moulin Rouge) unternahm. Die beiden fuhren auf BMWs von London durch Russland und die Mongolei nach New York. Sie wollten mit der Reise auf das Kinderhilfswerk der Vereinten Nationen, UNICEF, aufmerksam machen und nebenbei wohl selbst ein paar Scheine verdienen. McGregor und Boorman wurden auf der gesamten Reise von einem Kamerateam begleitet, das den 30.000 Kilometer langen Trip für eine TV-Serie in Großbritannien dokumentierte.

Was ganz Anderes: Für Pflanzenfreunde gibt es in Neuseeland viel Neues zu entdecken, da rund 20 Prozent aller Pflanzen nirgendwo sonst in der Welt vorkommen. Die einheimische Vegetation ist immergrün, alle Bäume und Sträucher, die im Herbst die Blätter abwerfen, sind importierte Arten.

Vor 150 Jahren waren etwa 75 Prozent der Landesfläche mit dichten Wäldern bedeckt, heute sind es gerade noch 15 Prozent. Es waren die europäischen Siedler, die durch massive Rodungen dafür sorgten, dass Baumarten wie die riesigen Kauris im Norden fast vollständig von der Bildfläche verschwunden sind. Erst vor wenigen Jahrzehnten hat ein Umdenken stattgefunden. Heute wird mehr neuer Wald gepflanzt als bestehender gerodet. Die wenigen verbliebenen ursprünglichen Wälder stehen unter Naturschutz und sind meist in den Nationalparks des Landes zu finden. Dort überwachen die Ranger des Department of Conservation die Einhaltung der strengen Naturschutzgesetze. Bei Verstößen gibt's deftige Geldbußen. Man sollte sich also nicht erwischen lassen, wenn man absichtlich einen der bis zu 100 Meter hohen Kauris ausreißt.

Wie der Kauri tragen heute, ganz im Trend der Zeit liegend, viele einheimische Bäume Maori-Namen: Matagouri, Kowhai, Totara, Rimu oder der Zungenbrecher Pohutakawa. Der blüht im Dezember leuchtend rot und steht deshalb in vielen neuseeländischen Wohnzimmern als Weihnachtsbaum.

In den Wäldern machen sich unterhalb der Baumkronen oft imposante Baumfarne breit, die mehr als zehn Meter Höhe erreichen können. Die elegant ge-

Ganz oben und oben links: Die 1,3-Millionen-Einwohner-Stadt Auckland auf der Nordinsel.
Oben rechts: Bay of Islands mit ihren 150 Inseln. Unten: Mit Alyson bei der Weinprobe von Villa Maria.

Ganz oben links: Weingut Villa Maria in Auckland. Oben links: Feierabendbier bei Villa Maria.
Oben rechts: Arbeit in den Weinbergen. Unten: Abel Tasman Nationalpark im Norden der Südinsel.

Oben: Ninety Mile Beach. Unten links: Coromandel-Halbinsel. Unten rechts: Am Cape Reinga. Ganz unten: Ausfahrt mit dem BMWOR, dem BMW-Club von Neuseeland.

Oben: Clubausfahrt auf der Coromandel-Halbinsel. Unten links: Mount Tongariro.
Unten rechts: Enduroausflug auf traumhaften Schotterpisten. Ganz unten rechts: Mount Taranaki.

Ganz oben links: Old Dunstan Road. Ganz oben rechts: Pancake Rocks. Oben links: Bahnhof von Dunedin. Oben rechts: Arbeit auf der Farm von Jodie und Mike. Unten: Malerisches Queenstown.

Oben links und ganz oben rechts: Geysire in der Umgebung von Rotorua. Oben rechts: Mit Johanna an einem Heißwasserpool. Unten: Bergwanderung, im Hintergrund der Mount Cook.

Oben: Golf mit Shane. Unten links: Stammeshaus der Maori. Unten rechts: Maori-Krieger.
Unten links: Während der Weinlese sind die Weingüter auf die Hilfe von Indern angewiesen.

Oben: Das Ferienhaus von Alyson an der Elliotts Bay. Unten links: Abschiedsparty. Ganz unten links: Herzlicher Empfang zu Hause. Unten rechts: Bei den Beduinen im Oman (Rückreise)

schwungene Spirale von neuen Farntrieben ist eines der typischen Symbole Neuseelands und findet sich im Logo vieler Firmen. Auch die Air New Zealand trägt die Spirale der Farne als Logo am Heck ihrer Flugzeuge. Noch beliebter ist der Farnwedel des Kiwi-Farns: Der hat es sogar bis auf die Trikots der All Blacks geschafft.

Die größte Vielfalt an Pflanzen ist auf der Halbinsel Coromandel, rund 100 Kilometer östlich von Auckland, zu finden. Das besondere Klima zwischen subtropischer und gemäßigter Region ließ dort einen immergrünen Regenwald entstehen, der die Halbinsel zu einem touristischen Anziehungspunkt macht. Ein Veranstalter für organisierte Reisen wird für die Coromandel immer den einen oder anderen Tag einplanen. Mir blieben gerade mal zwei Stunden, um die Halbinsel entlang der kurvenreichen Küstenstrecke abzufahren – das schwere Los eines »Halbtouristen«, der mit ein paar BMW-Clubbern unterwegs war, die kein Interesse an langen Sightseeing-Aufenthalten hatten. Mir zuliebe wurde immerhin der eine oder andere Fotostopp eingelegt.

Im Grunde aber hatten Jim, Tony und ich mit einem ganz anderen Problem zu kämpfen – der Demonstration der Überlegenheit unseres Geschlechts auf zwei Rädern. Sachiko, eine kleine, zierliche Bikerin japanischer Herkunft hatte sich erdreistet, uns mit ihrer pfeilschnellen, über 160 PS starken BMW herauszufordern. Dabei verstand es diese impertinente Person auch noch, dieses Geschoss perfekt zu beherrschen. So sind wir verbissen kämpfend von Kurve zu Kurve gehetzt.

Was unser Glaube an die bauartbedingte Überlegenheit des Mannes als Motorradfahrer betrifft, könnte man sagen, dass wir mit einem blauen Auge davongekommen sind. Wir haben uns immerhin nicht abschütteln lassen. Das sollte es leichter machen, diesen Angriff auf unsere Bikerehre verarbeiten zu können. In ein paar Wochen können wir dann den Kumpels unsere Wahrheit über dieses kleine Rennen erzählen: Wir wollten dieser Göre nicht den Spaß an ihrem PS-Monster verderben. Wer weiß, wie sensibel dieses zerbrechliche Wesen reagiert hätte, wenn wir ihr gleich bei der ersten Ausfahrt mit schwächer motorisierten Maschinen um die Ohren gefahren wären. So haben wir uns vornehm zurückgehalten.

Es grüßt Gentleman-Bernd

**Von:** berndhaeusler@gmx.de
**Betreff:** Bergwandern im Vulkangebiet
**Datum:** 21. November 2005
**An:** hans-on-the-road@gmx.de

Lieber Hans,

Bergstiefel, Teleskopstöcke und ein großer Wanderrucksack – alles sperrige Sachen, die viel vom knapp bemessenen Platz auf einem Motorrad beanspruchen, aber in der Packliste trotzdem unter der Rubrik »unverzichtbar« standen. Als passionierter Hobbykraxler wollte ich auch hier den einen oder anderen Gipfel erklimmen. Und jetzt hat es doch mehr als vier Monate gedauert, bis ich meine erste richtige Bergwanderung unternommen habe – den Tongariro Crossing.

Vor der Arbeit steht jedoch das Vergnügen. In diesem Fall letzten Freitag Abend das internationale Treffen der WIMA. Dieser Motorradclub für Frauen wurde bereits 1950 von einer Amerikanerin gegründet. Heute gibt es WIMA-Chapter in vielen Ländern der Welt, auch in Deutschland. Die neuseeländischen WIMA-Bikerinnen haben das diesjährige Treffen in Taupo, einem touristisch geprägten Städtchen im Herzen der Nordinsel, organisiert.

Wer um alles in der Welt, so habe ich mich gefragt, würde ans Ende der Welt reisen, nur um an einem Motorradtreffen teilzunehmen? Nun, es waren ganz schön viele Damen aus aller Herren Länder. Auch vier deutsche sind auf geliehenen Maschinen zum Treffen gekommen. Darunter Moni aus der Gegend um Stuttgart. Mit leuchtenden Augen hat sie mir von einem Kumpel erzählt, der gerade mit seiner Cagiva um die halbe Welt fährt. Mit gleicher Begeisterung habe ich ihr von einem weltreisenden Freund erzählt. Dann hat sich herausgestellt: Wir sprachen jeweils vom gleichen Menschen. Die Welt ist eben doch ein Dorf.

Und dann war da noch dieses furchteinflößende Mannsweib aus Schweden. Die hat in ihrer Begrüßungsrede mit Zornesröte im Gesicht über die Marke BMW vom Leder gezogen, weil ihre Leih-GS auf dem Weg nach Taupo mit einem Motorschaden liegen geblieben ist. Ein Lkw-Fahrer, der angehalten hat, soll etwas von »Frauen sollten keine Motorräder fahren« gemurmelt haben. Ich weiß nicht, ob der Typ diese Aussage überlebt hat. Vorsichtshalber habe ich ihn in mein Nachtgebet eingeschlossen und zolle ihm größten Respekt. Ich hätte mich bei dieser Furie nicht getraut, auch nur einen Piep zu sagen.

Auch auf der Party hätten blöde Bemerkungen gefährlich werden können. Es waren verdammt wenig Geschlechtsgenossen anwesend, die mir im Notfall zur Hilfe hätten eilen können. Als von Alyson eingeladener »special guest« war ich nur ein geduldetes Männlein. Trotzdem: Die Party war klasse, und dass es sich um ein Frauenmotorradtreffen gehandelt hat, war wirklich nur an zwei klitzekleinen Kleinigkeiten erkennbar: 1. Der gewaltige Anhänger hinter der süßen Yamaha XV 535.

2. Statt rockigem Bikerzubehör gab es einen Verkaufsstand für Kosmetikprodukte. Der Renner: Die besonders kompakte Kollektion von Lippenstiften, ideal für die moderne Bikerin.

Als Austragungsort für das Motorradtreffen war Taupo eine ziemlich gute Wahl. Das aufstrebende Städtchen liegt am Nordufer des Lake Taupo, des größten Sees des Landes, der im 2. Jahrhundert nach einem Vulkanausbruch entstand. An klaren Tagen bekommt man hier eine Bilderbuchlandschaft geboten. Der Blick über den See auf den schneebedeckten Gipfel des 2.797 Meter hohen Vulkans Mt. Ruapehu ist das reine Postkartenidyll. Der Ruapehu ist zuletzt 1995 und 1996 ausgebrochen und hat dabei in mehreren Eruptionen Feuerfontänen und Asche ausgestoßen, die sich über weite Flächen der Nordinsel gelegt hat.

Taupo hat sich wegen des hohen Fischbestandes im See zu einem Mekka für Angler entwickelt. Ansonsten ist hier Aktivurlaub angesagt. Aber mal ehrlich, wer will schon so langweiligen Kram machen wie Fallschirmspringen und Bungeejumping, das hier an jeder Ecke angeboten wird? Da habe ich mir lieber den aufregenden Kick einer Bergwanderung gegönnt.

Sämtliche Reiseführer feiern den Tongariro Crossing als schönste Tageswanderung Neuseelands, und entsprechend bevölkert ist er auch. In den offiziellen Karten des DOC und den meisten Reiseführern ist die 17 Kilometer lange Strecke entlang des Mt. Tongariro von Süd nach Nord beschrieben. Ich bin vom nördlichen Ausgangspunkt losgetrabt, und meine Rechnung ist aufgegangen – ich konnte die Wunderwelt des aktiven Vulkangebiets sehr lange fast für mich allein genießen und bin erst nach einigen Stunden Gehzeit auf die Meute der Entgegenkommenden gestoßen.

Der Weg verläuft zunächst sanft ansteigend durch Schatten spendenden Regenwald. Die Vegetation lichtet sich dann recht schnell, der dichte Regenwald weicht hohen Sträuchern, und die vom Wind zerzausten büscheligen Tussock-Gräser dominieren die Landschaft. Spätestens ab hier ist klar, dass man sich in einem aktiven Vulkangebiet befindet. Ein ständiger Schwefelgeruch hängt in der Luft, aus den erstarrten Lavaströmen, über die der Weg nun führt, steigen unablässig Dampfwölkchen auf. Inmitten dieser bizarren Landschaft befinden sich heiße Quellen, aus denen es mächtig dampft. Auf ein »erfrischendes« Bad im kochend heißen Wasser musste ich allerdings verzichten. Das Gebiet ist für die Maori ein heiliger Ort und darf nicht betreten werden.

Der gesamte 795 Quadratkilometer große Tongariro-Nationalpark spielt in der spirituellen Welt der Maori eine bedeutsame Rolle. Ein Maorihäuptling schenkte das Bergland 1887 der britischen Krone, mit der Auflage, es unter Schutz zu stellen. So entstand der erste Nationalpark Neuseelands. Die UNESCO erklärte den Park 1991 zum World Heritage Site, zum Erbe der Menschheit.

Am Nordkrater des Tongariro entlang führt ein kehrenreicher Weg hinauf zum To wai-whakaiata-o-te-Rangihiroa, dem Blue Lake. Dumm, wer sich hier schon von der phantastischen Landschaft gefangen nehmen lässt und die Speicherkapazität der Digitalkamera überstrapaziert. Das eigentliche landschaftliche Highlight des Tracks erreicht man nämlich erst nach der Bewältigung eines steilen Geröllfeldes, »Devil's staircase«, genannt. Dort oben angekommen, sollte man sich langsam und bedächtig umdrehen. Gut möglich, dass man sonst den mühsam auf Händen und Füßen erklommenen Sattel wieder herunterpurzelt, denn der Ausblick über die surreale Wüstenlandschaft mit den smaragdgrünen Emerald Lakes ist umwerfend.

Danach war ich plötzlich auf dem Mond. Zumindest muss es dort genau so aussehen wie in der topfebenen Fläche des South Crater, der nach einem steilen Abstieg erreicht wird. Die mehrere hundert Meter lange Strecke durch den Krater ist absolut vegetationslos und von bizarren Gesteinsformationen umgeben. Die letzten Kilometer führen entlang eines kleinen Baches sanft bergab zum südlichen Einstieg des Tongariro Crossing.

Eine anstrengende Bergwanderung wirkt wie eine Verjüngungskur. Ich habe mich hinterher so jung gefühlt, dass ich etwas getan habe, was ich zuletzt als Jugendlicher tat: Ich bin per Anhalter zurück zum Ausgangspunkt gefahren, wo das Motorrad stand. Wie erwartet musste ich den Daumen nicht lange raushalten, bis ein freundlicher Kiwi angebissen hat.

Am Campingplatz in Taupo herrschte mittlerweile beschauliche Camperidylle. Damned, damit war mein Masterplan durchkreuzt. Warum hatte ich denn die ganzen Strapazen auf mich genommen? Natürlich nur, um gespannt zuhörenden Bikerinnen von meinen dramatischen Gipfelbesteigungen erzählen zu können. Und jetzt waren die meisten Mädels schon abgereist. Na ja, dann eben kein Bergsteigerlatein, ich habe meinen müden Gliedern stattdessen im warmen Thermalwasserpool neues Leben eingehaucht.

Das hat auch was für sich, vor allem weil ich entspannt im Pool sitzend eben mal auf die Schnelle zu einem neuen Job gekommen bin. Ich habe einem interessierten Kiwi von meinen weiteren Reise- und Arbeitsplänen erzählt. Der ist irgendwann wortlos aus dem Pool geklettert und war nach ein paar Minuten wieder zurück. Er habe mit seinem Bruder auf der Südinsel telefoniert. Wenn ich will, könne ich ab Januar auf dessen Rinderfarm in der Nähe von Christchurch arbeiten. Und ob ich wollte.

Für die 300 Kilometer lange Rückfahrt am Sonntag mit Alyson haben wir uns den ganzen Tag Zeit genommen. Nachdem ich all die Pinkelpausen, die Frauen eben so brauchen, in stoischer Ruhe ertragen hatte, verdiente ich mir eine Belohnung. Alyson führte mich zu einem verborgenen Paradies – einer Thermalquelle mitten im Nirgendwo des Regenwaldes. Über einen kleinen Wasserfall läuft das warme Wasser in einen von der Natur geformten und von Palmen umsäumten Pool. So ein Platz würde überall auf der Welt komplett vermarktet werden. Hier zum Glück noch nicht, wir haben ganz allein im Wasser geplanscht.

In den letzten Jahren ist Neuseeland zu einem Filmland geworden. Über allem ragt die mit 17 Oscars prämierte Trilogie »Der Herr der Ringe« des neuseeländischen Regisseurs Peter Jackson. Die Verfilmung des Tolkien-Klassikers war mitverantwortlich für den Touristenboom der letzten Jahre. Viele wollten Mittelerde live erleben. Auch jetzt, Jahre nachdem die Filmreihe in den Kinos lief, erfreuen sich die teuren Führungen zu den Originalschauplätzen noch größter Beliebtheit.

In den 1990er-Jahren erzielten erstmals auch Filme mit neuseeländischen Themen internationale Erfolge. Herausragend das mit drei Oscars prämierte Liebesdrama »Das Piano«. Es handelt von der Schottin Ada McGrath, die Mitte des 19. Jahrhunderts nach Neuseeland kommt, um mit einem tyrannischen Landsmann verheiratet zu werden, sich dann aber in einen Engländer verliebt, der die Lebensweise der Maori angenommen hat. »Whale Rider« machte die Lebensweise der Maori einem internationalen Millionenpublikum bekannt. Es ist die Geschichte des Maorimädchens Pai, die gegen den Widerstand ihres Großvaters zum Stammesoberhaupt aufsteigt.

Vom Glanz der neuseeländischen Kinoproduktionen ist in Radio und Fernsehen leider nicht viel angekommen. Es ist einfach nur ein gigantischer Mist, der da geboten wird. Warum bloß werben die Radiostationen den ganzen Tag damit, dass sie nicht immer die gleichen Songs spielen, wenn sie es dann doch tun? Und warum nerven sie ständig mit bescheuerten Umfragen wie: Was finden neuseeländische Frauen sexy an Autos?

Es ist ja nicht so, dass ich besonders anspruchsvoll wäre. Warum sich nicht mal gemütlich mit einer Tüte Chips zurücklehnen und sich von Sylvester Stallone berieseln lassen, wenn er stundenlang die Bösen dieser Welt niedermetzelt? Dumm nur, dass höchst anspruchsvolle Fernsehunterhaltung auf Rambo-Niveau hier gar nicht geboten wird. Zugemüllt wird man im »telly« mit endlos langen englischen Seifenopern und dämlichen Reality Shows. Endlos lang vor allem deshalb, weil auf zehn Minuten Sendedauer eine mindestens genau so lange Werbeunterbrechung kommt. In dieser wird man dann von schwachsinnigen Typen angebrüllt, sofort zum 123. Supersonderspezial-Sonderverkauf der Firma XY zu kommen. Schrecklich. Ach ja, 37 Prozent der neuseeländischen Frauen finden Ledersitze im Auto sexy.

Gruß vom kulturgeschädigten Bernd

**Von:** berndhaeusler@gmx.de
**Betreff:** »Blitzkrieg« und »German Autobahns«
**Datum:** 14. Dezember 2005
**An:** hans-on-the-road@gmx.de

Lieber Hans,

Nach dem eindrucksvollen Wandertag am Tongariro war sie voll entfacht, meine Bergsteigerleidenschaft.

Ein neues Ziel musste schnellstens her. Und da war der schönste Berg der Nordinsel, der 2.518 Meter hohe Mt. Taranaki, gerade gut genug für mich.

Rund 400 Kilometer sind es von Auckland an die Westküste zur Taranaki Peninsula. Mein lieber Mann, dieser »Fujiyama Neuseelands« genannte Berg ist eine Wucht! Schon von weitem sichtbar thront der Riese über der weiten Ebene südlich von New Plymouth. Leider verhüllt der Taranaki seine ganzjährig mit Schnee bedeckte Spitze meist in Wolken. Ich kann das Glück, das mich in Neuseeland verfolgt, aber partout nicht abschütteln und habe den heiligen Berg der Maori in seiner vollen Pracht vor die Linse bekommen.

Der Legende nach sind Mt. Taranaki und Mt. Tongariro Brüder. Taranaki verliebte sich in die Geliebte seines Bruders, und zwischen den Vulkanbrüdern entbrannte ein fürchterlicher Streit um die schöne Pihanga. Taranaki ging daraus als Verlierer hervor und musste an die Westküste fliehen. Dort fristet er bis heute sein einsames Dasein. Bei seiner Flucht grub er das Bett des Flusses Wanganui und füllte es mit seinen Tränen. Maori siedeln auch heute nicht an der direkten Verbindungslinie zwischen Taranaki und Tongariro, weil sie glauben, dass Taranaki irgendwann zu seiner Geliebten zurückkehrt. Man kann ja nie wissen.

Die Schneefelder am Taranaki sind tückisch, weshalb eine Gipfelbesteigung Bergsteigern mit alpiner Erfahrung vorbehalten bleiben sollte. Zu viele ungeübte Bergsteiger mit mangelhafter Ausrüstung versuchen es trotzdem und begeben sich in große Gefahr.

Trotz überschaubarem Schwierigkeitsgrad sterben am Mt. Taranaki deshalb mehr Menschen als am schwierigsten und höchsten Berg des Landes, am Mt. Cook.

Die gute Nachricht: Ich hab's überlebt. Die schlechte: Ich hab ihn nicht gepackt. Ich habe es über die leichte Nordroute probiert und musste nach stundenlangem Aufstieg rund 250 Meter unterhalb des Gipfels aufgeben. Ohne Steigeisen und Eispickel wäre es zu gefährlich geworden. Aber auch ohne den Triumph der Gipfelbesteigung war es ein erhabenes Gefühl, über der aufgelockerten Wolkendecke zu stehen und den Blick über die weite Ebene bis hinüber zum 100 Kilometer entfernten Tongariro schweifen zu lassen.

Wer an Neuseeland denkt, denkt an Schafe. Und die gibt es hier in der fruchtbaren Ebene des Taranaki National Park zuhauf. Im ganzen Land leben mit rund 40 Millionen Schafen etwa zehn Mal so viele blökende Ökorasenmäher als Menschen. Knapp die Hälfte der Fläche Neuseelands wird landwirtschaftlich genutzt, das meiste davon als Weideland für Schafe und Rinder. Ohne jegliche staatlichen Subventionen ist Neuseelands Landwirtschaft wettbewerbsfähig und auf den Weltmärkten sehr erfolgreich. Kiwifrüchte und Lammfleisch vom anderen Ende der Welt sind auch an Deutschlands Supermarkttheken zu einer Selbstverständlichkeit geworden.

Neuseelands Farmer haben aber auch schon härtere Zeiten hinter sich. Nach dem EU-Beitritt des wichtigsten Handelspartners Großbritannien im Jahr 1973 ist der Exportmarkt für Fleisch und Wolle fast vollständig zusammengebrochen. Diese undankbaren Tommies, die sich Mutternation der Kiwis schimpfen, haben die neuseeländischen Qualitätsprodukte quasi über Nacht verschmäht und sich stattdessen der nun zollfreien Waren des europäischen Marktes bedient. Auch Rinder und Kühe gibt es hier mehr als genug, allerdings sind Milchprodukte wie Joghurt und Käse wegen der fehlenden Subventionen deutlich teurer als in Deutschland.

Die vielen Rindviecher und Schafe sorgen für Umweltbelastungen der ganz besonderen Art. Die Tiere verhalten sich nämlich allzu menschlich – sie rülpsen was das Zeug hält und haben mit Blähungen zu kämpfen. Das dabei austretende Methangas ist für die Hälfte aller schädlichen Treibhausgase in Neuseeland verantwortlich. Kein Scherz, ehrlich. Auch nicht, dass die Farmer deshalb für jedes Tier eine Gassteuer bezahlen müssen.

Quartier bezogen habe ich übers Wochenende in New Plymouth. Die schachbrettartig angelegte Stadt ist das Zentrum der neuseeländischen Öl- und Gasförderung. Schwerindustrie gleich schwere Jungs – meine stets um mein Wohl besorgten Kollegen haben mir diese Formel eingeimpft. In blumigen Worten wurde ich auf den Sündenpfuhl New Plymouth eingestimmt. Wo es schwere Jungs gibt, da sind offensichtlich auch leichte Mädchen nicht weit. An den Wochenenden strömen die nach Alkohol und Frauen lechzenden Arbeiter von den umliegenden Bohrinseln zurück und treiben ihr Unwesen in der Stadt. Ich sollte mich unter allen Umständen von den derben Schönheiten der Stadt fernhalten. Sehr anschaulich war die Beschreibung der Kollegen, was mit meinem Körper passieren könnte, sollte ich mich an ein Mädel heranmachen, das von einem dieser Schlägertypen beansprucht würde.

Wenn die wüssten! Das habe ich gar nicht nötig. Seit ein paar Tagen ist es nämlich amtlich: Johanna wird mich im Februar »down under« besuchen. Der Pfeil Amors, der mich ziemlich ungünstig kurz vor meinem Flug nach Neuseeland getroffen hat, steckt immer noch tief und lässt sich partout nicht entfernen. Unsere Liebe hält sich hartnäckig auch bis ans Ende der Welt. Den ganzen Februar werde ich mich also wie ein reinrassiger Tourist benehmen und mit Johanna zusammen auf der GS das Land erkunden.

Ohne jegliche Ambitionen, mit derben Schönheiten anzubandeln, konnte ich also einen entspannten Abend bei ein paar Bierchen im Pub verbringen. Das angenehme an Pub-Abenden in Neuseeland ist, dass man die selten allein verbringt. Anders als in Deutschland, verabreden sich die Kiwis meist nie. Jeder geht alleine hin und schaut mal, wer sich sonst noch so rumtreibt. So findet man auch als Fremder immer schnell Anschluss. Ich war für den Abend bei ein paar trinkfesten und Billard spielenden Maori gut aufgehoben.

Auf dem langen Heimweg am Sonntag entlang der Westküste hatte ich Zeit, mir Gedanken über die Verkehrszeichen in Neuseeland zu machen. Davon gibt es nämlich einige höchst interessante Exemplare.

Das Herz eines jeden Motorradfahrers hüpft vor Freude, wenn er Schilder sieht, die auf eine kurvenreiche Strecke hinweisen. Hier gibt's die auch. Sie sind darüber hinaus mit einem nützlichen Hinweis versehen, nämlich der empfohlenen Geschwindigkeit. Sehr praktisch, denn meine ausgiebigen Testfahrten haben ergeben, dass man mit richtig schön Zug und Spaß um die Kurven wetzen kann, wenn man die empfohlene Geschwindigkeit verdoppelt.

Was für ein Glück für Länder, in denen ungewöhnliche Tiere leben. Schilder mit entsprechenden Warnhinweisen verkaufen sich dort bestens als Souvenirs. Dumm, dass ausgerechnet bei den Aussies dieses Geschäft mit Koala- und Känguru-Schildern bestens läuft. Solche exotischen Tiere gibt es in Neuseeland leider nicht, also hilft man sich mit Schildern, die vor Enten warnen.

Manchmal ist es aber auch herabstürzende Unterwäsche, die einem gefährlich werden kann.

Die Straßen sind gut in Neuseeland. Der Asphalt ist griffig und erlaubt sogar mit meiner Stollenbereifung ordentliche Schräglagen. Wenn da nur nicht die Possums wären, die totgefahren zu Tausenden die Straßen bevölkern. Die Beutelratte, auch Opossum oder kurz Possum genannt, ist hier zur Plage geworden. Vor 150 Jahren einmal für die Pelzherstellung eingeführt und gezüchtet, wurde sie später gedankenlos in die freie Wildbahn entlassen. Da die Possums keine natürlichen Feinde haben, vermehrten sie sich explosionsartig.

Heute leben geschätzte 80 Millionen in Neuseeland, die sich Nacht für Nacht durch die üppige Vegetation fressen. Das Department of Conservation nimmt an, dass die Possums Jahr für Jahr sieben Millionen Tonnen heimische Blätter verspeisen. Unverschämterweise fressen die Viecher dann auch noch mit Vorliebe frische Triebe. Und als wäre das nicht unsozial genug, verzichten die Possums sogar gelegentlich auf ihr Dasein als Vegetarier, um Eier und Jungvögel einheimischer Vogelarten zu fressen.

Die Kiwis hassen die Possums deshalb heiß und innig und freuen sich über jedes mit dem Auto plattgefahrene Exemplar. Fremden, die Mitleid mit den armen Tierchen haben, schlägt blankes Unverständnis entgegen. Übrigens: Ob du es glaubst oder nicht – in den Souvenirshops gibt es tatsächlich Brustwärmer für Frauen aus echtem Possumfell zu kaufen. Sehr interessant. Ich muss nur noch herausfinden, wie die Dinger befestigt werden.

Kiwiland ist Fastfood-Land. Es gibt wohl kaum eine Ecke in Auckland ohne einen dieser Wohlfühltempel, die sich vornehm »Systemgastronomie« schimpfen. Eine Vielzahl von Ketten, die mir aus Deutschland teils völlig unbekannt sind, sorgt dafür, dass die Kiwis ihren Heißhunger auf fettes Fleisch und aufgeweichtes Weißbrot wenigstens abwechslungsreich stillen können. Oder hast du schon mal etwas von Brutzel-Läden wie »Burger Wisconsin« oder »Wendy's – old fashioned Hamburgers« gehört?

Ich empfinde es als beruhigend, dass es auch in neuseeländischen Fastfood-Hallen das altvertraute Prozedere gibt: Der Kunde wartet geduldig in einer Schlange auf sein Fastfood, auf »fast schon Essen«, bis er nach mindestens zehn Minuten an die Reihe kommt. Während des Bestellvorgangs erfolgt nach und nach die Aufklärung, welche Dinge auf der Speisekarte nicht verfügbar sind. Nach Bezahlen von mehreren Stundenlöhnen darf der Kunde sich mit einem Becher verwässerter Cola und einer Tüte Pommes schon mal setzen und weitere zehn Minuten warten, denn das übrige »Fast-Essen« muss erst noch zubereitet werden. Nach der Mahlzeit muss der Kunde seinen Platz aufräumen und auch noch den Müll sortieren. Tut er das nicht, wird er schräg angesehen und für asozial gehalten.

Auch außerhalb der Fastfood-Läden gibt es wunderbar ungesundes Essen. Wenn das vor Frittieröl trieft, widerlich schmeckt und aus England kommt, muss es sich um Fish'n Chips handeln. Fish'n Chips und asiatische Schnellküche gibt es an allen verbliebenen Ecken, an denen sich noch keine Fastfood-Kette breitgemacht hat.

Auch in den Supermärkten lauert an jedem Eck die Versuchung der ungesunden Ernährung in Form von Fertiggerichten. Dieser Versuchung zu widerstehen, fiel mir Gott sei Dank noch nie besonders schwer. Dieses vorgekochte Gemantsche sieht wirklich widerlich aus. Ganz oben in der Rangliste der kulinarischen Scheußlichkeiten steht der Dosenfraß von Watties. In den Supermärkten türmen sich die Dosen mit Baked beans, Spaghetti und Cornedbeef. Ich habe keine Ahnung, warum die Kiwis so auf dieses Zeug abfahren und die Marke Watties eine Art Kultstatus genießt. Vielleicht ist das eine besondere, mir bislang unbekannte Art von Masochismus.

Selbst in unserem Aufenthaltsraum bei Villa Maria bildet sich in der Mittagspause vor der Mikrowelle regelmäßig eine Schlange mit Kollegen, die ihre Dosenpampe erwärmen möchten.

Der kiwianische Heißhunger nach Watties tinned Food und anderen Scheußlichkeiten kann rund um die Uhr gestillt werden. Es existieren keine gesetzlichen Regelungen für den Ladenschluss. Alle Supermärkte haben sieben Tage die Woche geöffnet, manche sogar rund um die Uhr.

Den Werbeleuten von Tui waren die Essgewohnheiten ihrer Landsleute schon ein Billboard wert: »Ich nehme einen großen gemischten Salat, yeah right!«

Fazit: Viel zu lange habe ich mich den Essgewohnheiten der Kiwis angepasst und mich von den gierigen Klauen der Fastfood-Industrie vereinnahmen lassen. Irgendwann habe ich schließlich die Reißleine gezogen. Ich bin ja nicht in diesem Land, um fett und träge zu werden. Lucky me, dass im Haushalt von Alyson atypische Essgewohnheiten herrschen. Des öfteren taucht ihr Partner Ewan mit fangfrischem Meeresgetier auf, das wir mit einer Flasche Wein auf der wunderschönen Terrasse des Hauses verspeisen.

Anglizismen zu verwenden kommt in Deutschland immer gut an. Da wird aus einem langweiligen Supermarkt ein Shoppingcenter, klappt es mit der Bedienung des Computers nicht, ruft man bei der Hotline oder beim Support an, im Hotel checkt man ein und aus, Babysitter passen auf die Kleinen auf, das schnöde Dorffest wird zum Event hochstilisiert und so weiter.

Mich hat es überrascht, dass es hier zum Teil auch in die andere Richtung geht. Manche deutschen Ausdrücke hören die Kiwi-Ohren offensichtlich gern, weil es schick oder nobel klingt. Mercedes verkauft seine Autos zum Beispiel nicht in einem popligen Car Shop. Der gut betuchte Kiwi kauft seinen Benz in einem »Autohaus«. Das hört sich besser an. Audi wirbt mit dem Slogan »Experience Vorsprung«, obwohl kaum jemand wissen dürfte, was Vorsprung bedeutet.

Dann natürlich die deutsche Autobahn. Dieser paradiesische Ort, an dem grenzenlos gerast werden darf. Den kann man selbstverständlich nicht einfach mit Motorway übersetzen. Hier spricht der Kiwi ehrfurchtsvoll von »German Autobahns«.

Im Zusammenhang mit Berichten über die Weltkriege stößt man immer wieder auf Begriffe wie »Blitzkrieg« oder »Hinterland«, für die es keine englischen Wörter gibt. Da im Englischen die Umlaute fehlen, wird aus dem Führer ein »Fuhrer« gemacht.

Deutsche Ausdrücke passen auch wunderbar (wieder so ein Wort, das Kiwis gerne benutzen) zum Thema Bier. »I was on the Oktoberfest and drank beer out of a Steinkrug. I watched the guys on the stage schuplattling and later on they started to yodel.« Ich könnte mich totlachen, wenn ich Leute höre, die solche Sätze mit ernster Miene von sich geben. Der Respekt vor der größten Biertrinkernation drückt sich eben auch in der Sprache aus. Eine Einladung zum »Beerfest« braucht deshalb ein bayerisches Layout.

Bei mir ist im Augenblick Alltag angesagt. Keine Zeit für abenteuerliche Reisen und Ausflüge, denn ich habe seit einigen Wochen einen Nebenjob.

André ist Lehrer an meiner alten Sprachschule und wurde mir in den letzten Monaten zu einem guten Freund. André unterrichtet halbtags und verdient sich die restliche Kohle für das teure Leben in Auckland, indem er abends die Klassen- und Aufenthaltsräume der Schule putzt. Sprachlehrer und Putzfrau – eine ungewöhnliche Kombination? Nicht für Kiwi-Maßstäbe. Standesdünkel gibt es nämlich nicht. Niemand wird herablassend behandelt wegen der Art und Weise, wie er seinen Lebensunterhalt verdient. Wichtig ist nur, dass man ihn sich verdient und nicht auf Staatskosten lebt. Ich hatte deshalb auch überhaupt kein Problem, Andrés Putzjob zu übernehmen, weil er krankheitsbedingt für längere Zeit ausfällt.

Jetzt fahre ich täglich nach Feierabend bei Villa Maria direkt in die City und tobe mich noch zwei bis drei Stunden mit Putzlappen und Staubsauger aus. Ich kann dir sagen: Morgens um sieben Uhr aus dem Haus zu gehen und abends meist erst nach neun zurückzukommen, ist kein Zuckerschlecken. Aber auch wenn sich die Freizeit damit fast ausschließlich auf die Wochenenden beschränkt, habe ich mittlerweile Gefallen an dem Putzjob gefunden. Ich genieße die eigentümliche Stimmung, die abends in den verlassenen Räumlichkeiten eines Hochhauses herrscht. Wo tagsüber der Bär in Form von aufgedrehten Studenten tobt, herrscht am Abend gespenstische Stille. Nach getaner Arbeit setze ich mich relaxed auf den Balkon der Schule, lasse die Lichter und Geräusche der Großstadt auf mich wirken, beobachte das geschäftige Treiben im nahe gelegenen Hafen und freue mich, dass ich Teil dieser lebhaften Metropole bin.

Und als ob es unter der Woche nicht schon genügend Arbeit gäbe, maloche ich derzeit auch noch an den Wochenenden: Alysons Haus wird renoviert. Ihr neuer Motorradparkplatz hat sie offensichtlich von deutscher Handwerkskunst überzeugt, und so wurde ich zum Hausanstreicher befördert. Ewan, dessen Freund John und ich verpassen dem gesamten Haus derzeit eine Schönheitskur. Laut Ewan habe ich mir inzwischen den Titel des ersten Stellvertreters des stellvertretenden Vorarbeiters verdient. Vielleicht sollte ich mal nachrechnen, an welcher Stelle des dreiköpfigen Teams ich damit stehe. Wie auch immer – für einen Banker ist diese Handwerkerkarriere gar nicht schlecht. In den Pausen sorgt Alyson mit kulinarischen Köstlichkeiten für eine entspannte Arbeitsatmosphäre.

Das klingt alles nach viel Arbeit und wenig Vergnügen. Aber so ist es nicht. Ich habe den Turnaround geschafft und sehe Arbeit, ganz Kiwi-like, nicht als notwendiges Übel, um ein angenehmes Leben führen zu können, sondern empfinde die Arbeit selbst als angenehm. Es bleibt nur ein Problem. Was soll ich nur mit dem ganzen Geld anfangen, das ich derzeit verdiene?

Aber auch für diese Frage habe ich schon eine Lösung gefunden: Wenn meine Zeit in Neuseeland abgelaufen ist, werde ich nicht einfach in ein Flugzeug Richtung Deutschland steigen. Das wäre nach der prägenden Zeit hier unpassend. Ich werde die Rückreise stattdessen zu einer Reise um die halbe Welt ausdehnen und zumindest einen Teil davon auf dem Bike zurücklegen. Eine genaue Route habe ich noch nicht ausgetüftelt, aber Australien, Südostasien und die arabische Halbinsel werden wohl auf dem Programm stehen. Tja, und für solche Pläne kann ich das Geld gut gebrauchen.

Warum dieses wunderbare Land überhaupt wieder verlassen? Nun: Ich bin mit einem One-Way-Ticket hergekommen, um mir die Option freizuhalten, dauerhaft hier zu bleiben. Ich merkte jedoch recht schnell, dass ich das nicht will, konnte die Gründe dafür aber nicht genau definieren. Jetzt kann ich es. Es liegt vor allem an der fehlenden kulturellen Vielfalt in Neuseeland. Im Herzen Europas lebend, haben wir die Möglichkeit, viele verschiedene Länder mit unterschiedlichsten Kulturen in kurzer Zeit zu erreichen. Hier erreicht man in kurzer Zeit gar nichts. Die nächste Landmasse ist knapp 2.000 Kilometer entfernt und das ist auch nur bloody Australia.

Dann auf Wiedersehen! Bernd


**Von:** berndhaeusler@gmx.de
**Betreff:** Weihnachten mitten im Sommer
**Datum:** 20. Dezember 2005
**An:** hans-on-the-road@gmx.de

---

Lieber Hans,

es weihnachtet in Neuseeland! Die feierliche Stimmung lässt bei mir allerdings noch auf sich warten. Bei sommerlichen Temperaturen ist es sehr gewöhnungsbedürftig, Kiwis in Nikolauskostümen am Strand herumrennen zu sehen und Schaufensterauslagen mit kunstvoll in Szene gesetzten Winterlandschaften zu betrachten.

Ein Glück, dass es zumindest auch hier diese wilden Partys gibt, die die Einstimmung auf ein besinnliches

Weihnachtsfest erleichtern. Ich meine die Feten, bei denen sich der biedere Schulze aus der Buchhaltung in volltrunkenem Zustand tollkühn an die scharfe Blondine von der Rezeption heranmacht und mit ihr zu später Stunde eng umschlungen auf dem Tisch tanzt. Die Feten, die im Volksmund »betriebliche Weihnachtsfeiern« genannt werden.

Das erfolgreichste Weingut Neuseelands ließ sich bei der Weihnachtsfeier für seine Angestellten erwartungsgemäß nicht lumpen. Vom frühen Nachmittag an galt es, ein strammes Programm zu absolvieren: Champagner zur Begrüßung, exotische Cocktails an der kunstvoll aufgebauten Beach Bar und Spitzenweine im Überfluss. Als ob das alles nicht schon anstrengend genug gewesen wäre, mussten zwischendurch am offenen Feuer gegrillte Schweine und Lämmer vertilgt werden. It's a hard life! Und last but not least der Service: Wie alle Angestellten wurde ich mit dem Taxi vor der Haustür abgeholt und dort nachts wieder abgeliefert.

Fröhliche Weihnachten, Bernd

**Von:** berndhaeusler@gmx.de
**Betreff:** Aufbruch zur Südinsel
**Datum:** 1. Januar 2006
**An:** hans-on-the-road@gmx.de

Lieber Hans,

ich habe es geschafft! Die sentimentalen Tage des Abschiednehmens sind vorbei, und ich bin endlich on the Road. Vielen Dank all ihr lieben Leute bei Villa Maria, ich hatte eine klasse Zeit und darf hoffentlich zur Weinlese im März wiederkommen.

Alyson war leider so unsensibel, bei mir feste auf die Tränendrüse zu drücken. Warum sagt sie auch so Sätze wie, ich solle Weihnachten mit ihrer Familie im Beachhaus im Norden verbringen, da sie schließlich meine New Zealand Family sei. Damned, da muss man ja sentimental werden. Und wie soll man danach weiterhin als cooler, unnahbarer Biker rüberkommen?

Weihnachten mit Freunden am Strand klang zwar verlockend, für mich aber nicht verlockend genug. Mich zog es mit aller Macht Richtung Süden, ich wollte nämlich endlich die Südinsel sehen.

Bei wenig Verkehr hat mich die BMW am Heiligen Abend flott bis nach Taupo gebracht. Heiligabend wird im englischsprachigen Raum weniger besinnlich gefeiert, Partystimmung ist angesagt. Und genau die hatte ich in der Backpackerherberge in Taupo. Die Wirtsleute haben großzügig Freibier ausgeschenkt und auf der Dachterrasse alles für eine feine Sommernachtsparty mit Barbecue angerichtet. Für mich war die Party mit Travellern aus Israel, Norwegen und Japan ein stimmungsvoller Einstieg in die kommenden Wochen mit ihren sicherlich völlig neuen Erlebnissen.

Zum Abschluss bildeten wir einen internationalen Chor und haben »Stille Nacht, heilige Nacht« gleichzeitig in fünf Sprachen von der Balustrade geschmettert.

Am ersten Weihnachtsfeiertag habe ich mir eine Erholungspause gegönnt und den Tag entspannt in einem schönen Freischwimmbad in der Nähe von Taupo verbracht. Ich musste schließlich Kräfte sammeln für die nächste Tagesetappe durch die Rangipo-Wüste. Das extrem trockene Klima an der Ostseite des Tongariro National Park hat dort eine bizarre Wüstenlandschaft geschaffen. Mitten durch führt der State Highway 1, der an diesem Abschnitt »Desert Road« genannt wird. Riesige Schilder mahnen, den Tank gut zu füllen und ausreichend Wasser mitzuführen. Ich habe das Wüstengebiet ohne Benzinpanne durchquert und auch die restlichen 400 Kilometer bis nach Wellington ohne Probleme zurückgelegt.

Der pulsierenden Hauptstadt des Landes habe ich nicht die ihr zustehende Beachtung geschenkt. Für mich war Wellington zunächst nur das Sprungbrett, um am nächsten Morgen mit der Fähre auf die Südinsel zu kommen.

Jetzt weiß ich es mit letzter Gewissheit: Diese Kiwis sind mit einem schrecklichen Geburtsfehler ausgestattet, der sie zu ständiger Freundlichkeit gegenüber allen Fremden verdammt. Nach einer Nacht im Schlafsack am Strand war mein Anblick bestimmt nicht besonders vertrauenserweckend, als ich morgens im Hafen auf die Fähre wartete. Trotzdem hat mich eine nette Kiwianerin angesprochen und mich gefragt, ob ich nicht im

Haus ihrer Familie übernachten wolle. Gill hat zwei süße Kids, die sie gerne schon in jungen Jahren an den Kontakt zu Menschen anderer Nationen gewöhnen möchte. Ob das im Falle eines verwildert aussehenden deutschen Bikers hilfreich ist? Keine Ahnung. Wir haben jedenfalls vereinbart, dass wir uns wiedersehen und ich im Februar mit Johanna zu Besuch kommen werde.

Die Fährüberfahrt durch die Marlborough Sounds gleicht einer Fahrt durch einen sonnendurchfluteten Irrgarten aus Inseln mit urwaldbedeckten Hügeln und unzähligen Meeresarmen. Nach drei Stunden ist es geschafft, Südinsel, ich komme.

Die kleinen Städte Neuseelands sehen alle ähnlich aus und sind nie besonders interessant. Ich habe mich deshalb gar nicht lange im Ankunftsort Picton aufgehalten. GS und Fahrer lechzten nach faszinierenderen Landschaften. Die gab es auch gleich auf dem Weg nach Westen im Wairau Valley. Wegen des milden Klimas ist in dieser Region das größte Weinanbaugebiet Neuseelands entstanden. Entlang des State Highway 63 verströmt die perfekte Symmetrie der Weinbergreihen auf einer Länge von 80 Kilometern einen eigentümlich faszinierenden Charme.

Den Übernachtungsplatz nach diesem schönen Fahrtag habe ich schon jetzt zu meinem Lieblingsplatz in Neuseeland auserkoren: den Lake Rotoiti im Nelson Lakes National Park. Was für ein Postkartenidyll. Auf den tief blau schimmernden See führt ein Holzsteg hinaus. Es müssen Stunden gewesen sein, die ich auf diesem Steg gesessen habe, um gedankenverloren über den See in die Bergwelt des National Parks zu starren. Negative Gedanken gibt es in solchen Momenten nicht. Die Fülle des Lebens ist in seiner ganzen Vielfalt zu spüren. Ich war völlig mit mir im Reinen, ein vollkommen glücklicher Mensch, der eines der schönsten Länder dieser Welt bereisen darf.

Okay, am besten schnell weiter im Programm, bevor ich zu esoterisch werde. Am nächsten Tag stand die Besichtigung einer Pelzrobbenkolonie nahe des Bergbaustädtchens Westport an. Über steile Klippen führt ein vier Kilometer langer Weg zur Tauranga Bay. Von einer Aussichtsplattform aus kann man dort die fetten Tiere beobachten, wie sie sich träge auf den Felsen sonnen.

Und weiter ging es Richtung Süden. Ab Westport schlängelt sich die Straße in weiten Kurven entlang der schroffen Felsenküste. So liebe ich es Motorrad zu fahren: Lang gezogene Kurven, in die man sich mit flottem Tempo legen kann. Als Bonus wird, wie in Neuseeland üblich, auch etwas für's Auge geboten. Nein, ich meine keine leicht bekleideten Kiwi-Mädels am Straßenrand, sondern die Aussicht über die Steilküste auf die Tasman Sea.

An diesem Küstenabschnitt, nahe des kleinen Nestes Punakaiki, lässt sich eine besondere Spielerei der Natur bewundern, die Pancake Rocks, die Pfannkuchenfelsen. Wind und Wetter spülten wasserlöslichen Kalk aus dem Felsgestein. Zurück blieben breite Bänder massiven Gesteins, die aussehen wie ein steiniger Stapel gewaltiger Pfannkuchen.

Punakaiki als Dorf zu bezeichnen, ist übertrieben. Es ist eher eine Ansammlung von Häusern, durch die der State Highway 6 als einzige Straße führt. Punakaiki wird bevölkert von Autos, Reisebussen und Wohnmobilen. Die Touristenmeute stürzt sich im Kampf um das beste Foto auf die Pancake Rocks. Nach 20 Minuten ist dieser Punkt auf der Liste der Sehenswürdigkeiten abgehakt, und es geht weiter zum nächsten. Diese Vorgehensweise ist typisch für die Südinsel. Die Topattraktionen liegen verstreut übers ganze Land, und der geballte Urlauberansturm konzentriert sich auf diese wenigen Punkte. In der Hochsaison von Dezember bis Februar stößt sogar die Begeisterung der Kiwis für alle »People from overseas« an ihre Grenzen.

Ich habe es auch nicht besser gemacht und bin nach einem kurzen Fotostopp zusammen mit der Camperkarawane zur nächsten Sehenswürdigkeit gezogen. Bei den Dörfern Franz Josef und Fox Glacier wartet ein weltweit vermutlich einzigartiges Naturschauspiel: Die Gletscher der Dreitausender der Southern Alps strecken ihre langen Zungen bis hinunter in den Regenwald. Rainforest meets Ice – eine ungewöhnliche Kombination.

Hier machte sich mein deutsches Kfz-Kennzeichen mal wieder bezahlt. Die Weltreisenden Andrea und Markus vom Tegernsee haben mich angesprochen. Ruckzuck waren meine Bikerklamotten in deren Campingbus verstaut, um eine gemeinsame Gletschertour zu unternehmen.

Die Gesellschaft netter Menschen kam für mich genau zum richtigen Zeitpunkt. Ich lief schon Gefahr, die typischen Macken einsamer Alleinreisender anzunehmen. An langen Fahrtagen singe ich dem Motorrad schon seit einiger Zeit Lieder vor, und das ist auch o.k. so. Aber wohin soll das führen? Intime Gespräche mit der GS über meine erotischen Phantasien, die dem Gefährt die Schamesröte auf den ohnehin schon roten Tank treiben würden? Oder Vertraulichkeiten von Mann zu Maschine über ausgefeilte Liebestechniken? Nein, dann schon lieber mit zwei tiefsinnigen Oberbayern abends Selbstgebrutzeltes essen und eine gute Flasche Wein köpfen. Wir haben uns dabei zwar nicht über meine Phantasien unterhalten, dafür über Gott und die Welt sinniert. Erkenntnis des Abends: Das Glück unseres Lebens hängt von der Beschaffenheit unserer Gedanken ab. Hier und heute waren es sehr gute Gedanken. Erkenntnis des nächsten Tages: Im Wort »Regenwald« steckt das Wort »Regen«. Und der hat mich bei der Weiterfahrt kräftig durchgeweicht.

Die Südwestküste der Südinsel ist die regenreichste Region des Landes. Wer hier trocken durchkommt, hat mächtig Glück gehabt. Es regnet an zwei von drei Tagen. Vorbei an der großartigen Kulisse der Bergseen Lake Wanaka und Lake Wakatipu bin ich tropfnass an meinem vorgebuchten Sylvesterquartier in Queenstown angekommen.

Queenstown – die Abenteuer- und Partyhauptstadt Neuseelands, der Ort, an dem das Bungeejumpen erfunden wurde, wo sich zu Sylvester alle Reichen, Schönen und Wichtigen (darum bin ich auch hier!) versammeln. Ist man weder reich, schön noch wichtig, dann tut man zumindest so als ob. Kurzum, dieses ehemalige Goldgräbernest ist das Saint-Tropez Neuseelands. In den Gassen der Innenstadt war alles angerichtet für eine große Open-Air-Party mit mehreren Livebands.

Eine große Sause war's dann auch. Aber ohne mich. Queenstown war definitiv der falsche Ort für mich, um Sylvester zu feiern. Nicht zuletzt wegen des hauptsächlich internationalen Schickimicki-Publikums. Denn nur wenige Kiwis urlauben in Queenstown, es ist ihnen zu hektisch und zu teuer. Ich habe mich lieber alleine mit einer Flasche Sekt auf einen Hügel gesetzt, das Feuerwerk über dem Lake Wakatipu angeschaut und in melancholischer Stimmung das neue Jahr begrüßt.

Am Neujahrstag habe ich mir dann die vielen Angebote für Bungeejumping genauer angesehen. Ich hätte es ja fast gewagt, habe aber offensichtlich die Anzeigen falsch verstanden: Wer verrückt genug ist, so etwas zu machen, bekommt keine 100 Dollar, sondern muss diese bezahlen. Bescheuert.

Ein Gutes Neues Jahr wünscht Bernd

**Von:** berndhaeusler@gmx.de
**Betreff:** Pferde, Kühe und Schafe
**Datum:** 8. Januar 2006
**An:** hans-on-the-road@gmx.de

Lieber Hans,

Wüstenlandschaften, Regenwälder, Gletscher, Fjorde, alpine Berglandschaften und traumhafte Küstenstraßen – all das habe ich auf den gut 1.500 gefahrenen Kilometern seit Weihnachten gesehen. Neuseeland ist die Welt im Taschenformat. So lautet auch der stimmige Slogan, den Neuseelands Werbestrategen zur landschaftlichen Vielfalt entworfen haben. Beim Aussuchen passender Bilder für entsprechende Werbeplakate sind die Leute offensichtlich nicht so einfallsreich. In den Reisebüros dieser Welt wird Neuseeland immer mit dem gleichen Landschaftsbild angepriesen: Der pyramidenartige Mitre Peak, der 1.692 Meter hoch aus dem tiefblauen Wasser des Milford Sound ragt. Und dieses Wahrzeichen Neuseelands wollte ich live erleben.

Schon die Straße von Te Anau am gleichnamigen See zum Milford Sound ist ein Erlebnis. Sie führt durch das von Bergen gesäumte Tal des Eglington River entlang üppigen Regenwaldes und kleiner Seen über den Divide Pass und endet nach 120 Kilometern am berühmten Sound. Was für ein überwältigendes Motiv! Der 16 Kilometer lange Fjord wird von sattgrün bewachsenen Bergen umsäumt, und über all dem thront der majestätische Mitre Peak. Ich habe mir die obligatorische Bootsfahrt durch den Fjord gegönnt und die Digitalkamera heiß laufen lassen.

Das Fjordland im äußersten Südwesten der Südinsel ist eine der regenreichsten Gegenden der Welt. Ausgerechnet hier verläuft der Milford Track, eine fünftägige

Wanderung, die oft euphorisch als schönste Mehrtageswanderung weltweit bezeichnet wird. Der Zugang zum Milford Track ist reglementiert. Ich reservierte mir deshalb schon vor Monaten einen der begehrten Plätze. Zurück in Te Anau erfuhr ich im Visitor Centre, dass für die nächsten Tage Schnee und Hagel erwartet würden. Im Fjordland offensichtlich selbst im Hochsommer nichts Ungewöhnliches. Dafür war ich jedoch nicht ausgerüstet und musste schweren Herzens auf den Milford Track verzichten.

Vor dem trüben Wetter bin ich Richtung Osten ins Landesinnere geflüchtet. Ich wusste, dass hinter der Bergkette der Eyre Mountains ein völlig anderes Klima herrscht. Und so war es auch: Schneeregen und frostige Temperaturen entlang der Fjorde, schwülwarmes Wetter mit Sonne keine 100 Kilometer davon entfernt.

Nahe der unscheinbaren Ortschaft Miller's Flat bin ich auf eine Offroad-Strecke mit dem unscheinbaren Namen »Old Dunstan Road« gestoßen, die über 100 Kilometer bis nach Dunedin zur Ostküste führt. Was soll ich sagen: Diese Strecke ist das Beste, was mir je unter die Stollenbereifung gekommen ist. Stundenlang fuhr ich in kompletter Ekstase, stieß Jubelschreie aus und sang zur Musik aus dem Walkman laut und voller Freude mit. Diese Old Dunstan Road war besser als Sex. Na ja, vielleicht nicht ganz, aber nahe dran.

Woher kamen diese bislang unbekannten Glücksgefühle beim Motorradfahren, fragte ich mich? Nun, diese Piste erlaubte einfach perfektes Endurofahren.

Ihre Oberfläche war hart genug, um richtig Gas geben zu können. Akzente setzten Passagen mit Sand und Geröll, durch die ich mich im Schritttempo durchackern musste. Adrenalinstöße bei Flussdurchquerungen, Triumphgefühle auf der anderen Seite. Dass man alle paar Kilometer gezwungen wird abzusteigen, um Weidegitter zu öffnen und hinter sich zu schließen, stört da wenig. Im Gegenteil. Es verschafft Zeit, um die Landschaft zu betrachten, denn das hier ist mystisches Herr-der-Ringe-Land. Die Gegend mit sanft geschwungenen, ockerfarbenen Hügeln, durchzogen von vielen kleinen Flüssen und Seen, war Schauplatz vieler Filmszenen.

Kulturschock dann in der zweitgrößten Stadt der Südinsel. Ich habe mir schon lange abgewöhnt, Hinweisschildern zu historischen Gebäuden zu folgen. Die führen meist zu irgendeiner verfallenen Hütte. In Neuseeland ist einfach alles historisch, was älter als 100 Jahre ist. Ausnahme: Dunedin, das ehemalige Wirtschaftszentrum und eine der ältesten Städte des Landes. Die Stadt wurde Mitte des 19. Jahrhunderts von schottischen Emigranten gegründet. Dunedin ist das gälische Wort für Edinburgh, und die Stadt in der neuen Welt sollte genau so aussehen wie das schottische Original. Es gibt sogar eine Princes Street und eine George Street. Wie in Edinburgh sind das auch hier die Haupteinkaufsmeilen.

In der pulsierenden Studentenstadt finden sich historische Gebäude, die diesen Namen tatsächlich verdient haben. Dazu die Public Art Gallery mit einer hervorragenden Gemäldesammlung und das Otago early Settlers Museum mit einer Unmenge liebevoll zusammengetragener Exponate zur Stadtgeschichte. Auf die vielen Studenten in der Stadt hat sich auch die Tui-Brauerei eingestellt. Und zwar mit folgendem Billboard: »Ruhiger Student sucht Zimmer. Yeah, right!«

Wegen des entgangenen Milford Tracks hatte ich mehr Zeit zur Verfügung als gedacht. Die habe ich dann besonders sinnvoll, nämlich mit liebenswerten Menschen verbracht. Fährt man von Dunedin aus nördlich entlang der schmalen Küstenstraße, erreicht man nach ein paar Kilometern die malerisch gelegene Deborah Bay. Dort, oberhalb der Bucht, leben Margie und Oliver ein einfaches und glückliches Leben in ihrem gemütlichen Häuschen. Über Silvia, eine Freundin aus Österreich, hatte ich zu den beiden schon seit längerem Kontakt. Silvia hat eine Zeit lang hier gelebt und Margie und Oliver beim Aufbau ihres kleinen Hofes für Reiterferien geholfen.

Ich bin ein paar Tage geblieben, um Oliver bei der Arbeit mit den Pferden zur Hand zu gehen. Wie schon üblich, habe ich auch hier wieder die Arbeit als reinstes Vergnügen empfunden, da angereichert durch interessante Gespräche mit Ollie und seinen Söhnen und der phantastischen Aussicht über die Deborah Bay. Aber alles Zureden half nichts – ich ließ mich nicht dazu überreden, auf ein Pferd zu steigen. Ich bin doch nicht lebensmüde. Vor allem der Spruch an der Wand im Pferdestall hielt mich davon ab: Wir haben für jeden das richtige Pferd: Für erfahrene Reiter erfahrene

Pferde. Für Leute, die gern ruhig reiten ruhige Pferde, und für Leute, die nicht gern reiten, haben wir Pferde die nicht gern geritten werden wollen.

Man wandelt durchs Leben und trifft hier und da scheinbar unbedeutende Entscheidungen, die sich später jedoch als sehr bedeutsam erweisen – warum so viel Tiefsinn in der nachmittäglichen Sommerhitze in einem schmuddeligen Internetcafé, wirst du dich fragen?
Nun, eine dieser Alltagsentscheidungen war, damals in Auckland zum Treffen des BMW-Clubs zu gehen. Davon habe ich in all den Monaten erheblich profitiert, Freundschaften geschlossen, tolle Ausfahrten erlebt und die Freundlichkeit und Offenheit der Kiwis genossen. So, und das alles gab es komprimiert am vergangenen Wochenende beim jährlichen Club-Treffen, der »Annual Rallye«.
Auf der gesamten Südinsel gibt es nur eine direkte Straßenverbindung zwischen Ost- und Westküste, den State Highway 73 über den Arthur's Pass. Die Straße führt durch eine prachtvolle Gebirgslandschaft mit hochalpinem Charakter von Christchurch im Osten nach Greymouth im Westen. Inmitten dieser Berglandschaft liegt die Flock Hill Lodge, der Treffpunkt für die »Annual Rallye«.
Leider gab es einen Wermutstropfen, der meine Partystimmung mit den BMW-Clubbern aus dem ganzen Land trübte: Ich bin es gewohnt, mit der aus Deutschland mitgebrachten BMW im Mittelpunkt des Interesses zu stehen. Und was mussten meine Augen sehen?

Konkurrenz. Zwei im Schwarzwald beheimatete F 650 GS Dakar schauten mich durch ihre schmalen Scheinwerferaugen herausfordernd an. Die dazugehörigen Übeltäter waren schnell ausfindig gemacht: Rosa und Tommy, die vor neun Monaten zu einer Weltreise gestartet sind und über Russland, die Mongolei, Südkorea und Australien nun in Neuseeland gelandet sind.

Die beiden können von Glück sagen, dass sie ausgesprochen sympathische Schwarzwälder sind. Nur deshalb habe ich klaglos akzeptiert, dass mir hier die Show gestohlen wurde. Und wenn man als toleranter Schwabe schon zwei Badener akzeptiert, dann kommt's auf zwei Allgäuer auch nicht mehr an: Gerda und Alex gehen nach knapp 20 Jahren in Auckland aber fast schon als Kiwis durch. Volker aus Norddeutschland hat das deutsche Feld bei der »Annual Rallye« schließlich komplettiert. Er ist nach 50 Jahren als Farmer in Neuseeland wirklich nur noch auf dem Papier Deutscher.

Gerda und Alex kenne ich übrigens schon länger von gemeinsamen Ausfahrten und Clubabenden. Nur mal kurz in deren Quartier vorbeizuschauen, um hallo zu sagen – das war der Plan gewesen. Hat nicht geklappt. Ich bin hängen geblieben und kann die Schuld ruhigen Gewissens Rosa und Tommy in die Schuhe schieben. Sie hatten eindeutig zu viele interessante Weltreisegeschichten auf Lager. Die beiden haben während der letzten Monate viel Zeit in den Sätteln ihrer Maschinen verbracht.

Der Samstag Abend war einer dieser Abende, die nie enden sollten. Im Kreise der BMW-Leute aus allen Teilen des Landes habe ich mich äußerst wohl gefühlt, war in ausgelassener Stimmung und habe so viel gelacht, wie lange nicht mehr. Auch ließ sich mal wieder beweisen, dass Reisen bildet. Was habe ich in diesen Tagen nicht alles gelernt: Erstens, 17 Schafe benötigen in Neuseeland ungefähr einen Hektar Weideland (Quelle: Volker) und zweitens, 80 Prozent aller Motorradfernreisenden sind Linkshänder, während deren Anteil an der Gesamtbevölkerung nur gut 10 Prozent beträgt. (Quelle: Rosa und Tommy, beide Linkshänder so wie ich). Der Wert ergibt sich aus der Befragung anderer Weltreisenden, die die beiden unterwegs getroffen haben. Erstaunlich. Vermutlich haben wir ein bislang unerforschtes Reise-Gen entdeckt.

Drittens, mit der vollbepackten GS inklusive Koffer beträgt die Reichweite bei vollem Tank genau 372,4 Kilometer. Dann heißt es schieben. (Quelle: Bernd, Selbstversuch bei der Anfahrt zur »Annual Rallye«).

Die Bergwelt in der Umgebung der Flock Hill Lodge bietet einige interessante Offroad-Strecken. Am Sonntag hat sich die deutsche Fraktion zusammengetan und diese den ganzen Tag lang erkundet. Abends hieß es Abschied nehmen. Rosa, Tommy, Gerda und Alex sind zurück zur Flock Hill Lodge gefahren, um die »Annual Rallye« gemütlich ausklingen zu lassen. Bei mir rief die Pflicht – Jodie und Mike haben mich zum Arbeitsantritt auf ihrer Farm erwartet.

Jodie und Mike leben einige Kilometer von Christchurch entfernt mit ihren beiden süßen Mädels Millie und Georgia, Bernie dem durchgeknallten Hausschaf, das sich benimmt, als gehöre es zur Familie, zwei normalen Hunden und zur Zeit exakt 522 Milchkühen. Die Kühe müssen zweimal täglich gemolken werden. Mit einer hochmodernen Melkstation geht das erstaunlich schnell. In zwei Stunden sind alle Kühe ihrer Milch beraubt.

Milchwirtschaft lässt sich in den meisten Gegenden Neuseelands sehr profitabel betreiben, da aufgrund des frostfreien Klimas auf teure Stallhaltung verzichtet werden kann. Hier im Osten der Südinsel ist es sehr trocken. Die gesparte Zeit für's Ausmisten der Ställe geht deshalb für die aufwendige Bewässerung der Weideflächen drauf.

Ich bin auf der Farm Mädchen für alles: Melke Kühe, repariere Scheunendächer und Weidezäune, bekämpfe Unkraut auf den Weideflächen und habe sogar Jodie beim Kochen geholfen. Dass sie am nächsten Tag weitere Kochhilfe vehement ablehnte, verstehe ich nicht ganz, aber es ist mir auch egal. Ich habe schließlich eine andere Lieblingsbeschäftigung. Vielleicht habe ich früher einfach zu viel »Bonanza« gesehen. However: Ich freue mich immer diebisch, wenn ich laut schreiend und wild gestikulierend auf dem Farmquad auf- und abfahren darf, um eine Kuhherde von einer Weidefläche auf die nächste zu treiben. Das ist Cowboyfeeling pur.

Viele Grüße from the South Island, Little Joe

**Von:** berndhaeusler@gmx.de
**Betreff:** Gipfelhelden
**Datum:** 17. Januar 2006
**An:** hans-on-the-road@gmx.de

---

Lieber Hans,

stell dir vor: Noch einen beherzten Schritt mit den Steigeisen in dem tiefen Schnee. Die letzten Kraftreserven mobilisierend, ziehe ich mich mit dem Eispickel über die finale Kuppe. Dann habe ich ihn erreicht, den Gipfel des Mt. Cook in 3.754 Meter Höhe. Die Realität? Nein, natürlich nur ein Traum. Allerdings einer, den ich lange Zeit geträumt habe. Ich war wie besessen von der Idee, auf dem höchsten Punkt Neuseelands zu stehen.

Eine mögliche Besteigung habe ich schon ausführlich mit Bergführern eines renommierten Bergunternehmens diskutiert: Adventure Consultants aus der Nähe von Queenstown. Woher auch sonst, wenn es um Abenteuersport geht. Nach ausführlicher Beschreibung meiner Bergerfahrung war klar, dass sie mich »eins zu eins«, also ein Bergführer und ich, hochbringen würden, vorausgesetzt ich würde vorher noch einen Eiskletterkurs absolvieren. Letztlich hat mich aber doch der Mut verlassen. Der 16 Stunden dauernde Aufstieg zum Gipfel beginnt kurz vor Mitternacht von der Basishütte aus, um rechtzeitig vor Sonnenuntergang des folgenden Tages wieder zurück zu sein. Ich weiß nicht, ob ich das gepackt hätte. Für eine Gipfelbesteigung, die abgebrochen werden muss, weil dem

Kunden die Luft ausgeht, wäre der Spaß auch zu teuer gewesen: Rund 2.500 Euro sind inklusive Helikopterflug zur Basishütte zu berappen.

Adventure Consultants ist unter Bergsteigern ein wohl klingender Name. Die Firma wurde von dem Neuseeländer Rob Hall gegründet, einem der besten Bergsteiger seiner Zeit. Kein anderer hat als Führer so viele Menschen auf den Mt. Everest gebracht wie er. 1996 starb er beim Abstieg vom Dach der Welt mit acht anderen Bergsteigern in einem Schneesturm. Ein Überlebender, der Amerikaner Jon Krakauer, schrieb über die Tragödie am Everest ein fesselndes Buch, das zum Weltbestseller wurde (»In eisige Höhen«).

Einer von Halls Kunden war Doug Hansen, ein amerikanischer Postbote, der Tag und Nacht schuftete, um sich den 65.000 US-Dollar teuren Traum der Everestbesteigung erfüllen zu können. Ein Jahr zuvor musste Hall ihn 200 Meter unterhalb des Gipfels zur Umkehr zwingen, weil es zu spät geworden war. Trotz des aufkommenden Schneesturms wollte Rob Hall dem bergsteigenden Postboten 1996 unter allen Umständen den Gipfel ermöglichen. Das wurde beiden zum tödlichen Verhängnis.

Die Beschreibung Krakauers, wie Rob Hall, den sicheren Tod vor Augen, sich via Satellitentelefon von seiner Frau in Neuseeland verabschiedete, geht unter die Haut. Halls Leiche liegt noch heute unterhalb des Gipfels.

Rob Hall verfügt nach wie vor über einen hohen Bekanntheitsgrad in Neuseeland. Doch selbst ihm wird nie dieses Maß an Bewunderung zuteil werden, das einem anderen Kiwi-Berghelden entgegengebracht wird: Sir Edmund Hillary, dem 1953 zusammen mit dem Sherpa Tenzing Norgay die Erstbesteigung des Mt. Everest gelang. Hillary ist eine Art lebendes Nationalheiligtum, eine unangreifbare Legende, dessen markantes Gesicht sogar auf den Fünfdollarnoten des Landes zu sehen ist. Hillary lebt heute sehr zurückgezogen in Wellington.

Anyway: Auch ohne Besteigung des Mt. Cook war der Ausflug in den gleichnamigen Nationalpark lohnenswert. Ich habe mein freies Wochenende dort verbracht und mir die Seele aus dem Leib gewandert.

Was gibt's sonst Neues, außer der Fast-Gipfelbesteigung? Ah ja, das anstrengende Farmleben. Ich habe mich freiwillig gemeldet, um jeden Abend mit den beiden Hunden Gassi zu gehen. Ein Fehler. An der Leine spielen sie völlig verrückt, wenn ich sie jedoch frei laufen lasse, bricht das Jagdfieber aus. Erlegte Beute der letzten Woche: ein Possum, ein Kaninchen, zwei Vögel, eine Ratte und meine heiserer Stimme. Waidmanns Heil.

Wer ein anständiger Kiwi sein will, hat in seinem Leben mindestens ein paar Monate in Übersee verbracht. In jungen Jahren gehört das einfach dazu. Die abkürzungswütigen Kiwis haben dafür sogar einen eigenen Begriff geschaffen: Sie gehen zu ihrer OE, der »Overseas Experience«. Auch Jodie und Mike waren unterwegs. Jodie ist monatelang durch Europa gereist, Mike war als Profi-Rugbyspieler in Südafrika. Genügend

Gesprächsstoff also, wenn wir abends auf der gemütlichen Veranda des Farmhauses sitzen.

Ich würde es leicht noch ein paar Wochen als Farmarbeiter ausgehalten, aber es wird Zeit, dass ich mich langsam Richtung Norden bewege. Johanna landet in ein paar Tagen in Auckland.

Bin schon aufgeregt, Bernd


**Von:** berndhaeusler@gmx.de
**Betreff:** Johanna kommt
**Datum:** 6. Februar 2006
**An:** hans-on-the-road@gmx.de

Lieber Hans,

der neuseeländische Regengott ist mir nach wie vor wohlgesonnen. Wenn es mal einen Regentag gibt, legt er mir den meist ziemlich günstig. Auf dem Weg nach Norden hatte ich so einen Tag in Hanmer Springs. Das kleine touristisch geprägte Dorf ist wegen seiner heilenden Thermalquellen bekannt. Ein idealer Ort, um einen Regentag in den unterschiedlich temperierten Becken des Thermalschwimmbades zu überstehen. Ganz nebenbei habe ich dort eines der letzten großen Rätsel der Menschheit gelöst: Wie und was sprechen Frauen über uns Männer, wenn sie unter ihresgleichen sind? Ich weiß es jetzt.

Stell dir vor: Beim angestrengten Nichtstun im warmen Wasser vernahm ich plötzlich vertraute Worte – drei Mädels redeten in schwäbischem Dialekt miteinander. Selbst die meisten Deutschen würden dabei nur Bahnhof verstehen, von deutschsprachigen Kiwis ganz zu schweigen. Die Mädels wähnten sich also in Sicherheit. Und ich kann dir sagen: Die drei waren ganz schön versaut. Unglaublich, was die mit offensichtlich öfter wechselnden Partnern in langen Nächten so treiben. Auf weitere Einzelheiten möchte ich lieber nicht eingehen. Bei den Mädels habe ich mich übrigens nicht zu erkennen gegeben. Das wollte ich denen ersparen. Die wären tot umgefallen.

Abends habe ich im Internetcafé meine Neuseelandzeit besiegelt und für den 9. April einen Flug nach Brisbane, Australien, gebucht. Ich werde nur mal kurz beim großen Nachbarn reinschnuppern und nach einer Woche von Sydney aus weiter nach Singapur fliegen. Nach zwei Wochen Asien geht es dann von Bangkok nach Dubai, wo hoffentlich die GS schon auf mich warten wird. Die werde ich nämlich dorthin verschiffen. Ich habe gehört, dass es in Dubai, den Emiraten und im Oman einen riesengroßen Sandkasten gibt. Darin möchte ich mich mit dem Bike zwei Wochen lang vergnügen, bevor es über den Iran und durch die Türkei auf die Heimreise geht.

Nach einem ganzen Tag im Wasser war ich mal wieder porentief rein, die Sonne schien, es gab also keinen Grund, die nächste Marathon-Offroad-Etappe nicht bestens gelaunt in Angriff zu nehmen. Die Rainbow-Road führt auf passablen Schotterpisten von Hanmer Springs aus rund 100 Kilometer Richtung Norden. Die meiste Zeit bewegt sie sich dabei auf ein und demselben Privatgelände. Kein Wunder: Neuseelands größte Farm umfasst sage und schreibe 182.000 Hektar Land. Für die Benutzung der Rainbow-Road nimmt der Farmer eine Mautgebühr von sechs Euro.

Neben ihrem guten Zustand hat dieser Strecke noch einen weiteren Vorteil: Sie endet nur ein paar Kilometer vor meinem neuseeländischen Lieblingsplatz, dem guten alten Lake Rotoiti. Und wieder bin ich mit ein paar Dosen Bier stundenlang auf dem Holzsteg gesessen und habe den See und die Aussicht auf die Berge genossen. Landschaftliche Highlights, Kontakte zu reizenden Menschen und fahrerische Leckerbissen – das alles brach in den letzten Wochen in konzentrierter Form auf mich ein. Da tat es gut, an diesem paradiesischen Ort das Erlebte noch einmal bewusst zu verinnerlichen.

Einmal weg vom Lake Rotoiti, gab es aber kein Halten mehr. So wie es mich noch vor Wochen Richtung Süden gezogen hat, zog es mich jetzt nach Norden. Ich habe noch die Nachtfähre erwischt und war frühmorgens wieder auf der Nordinsel in Wellington. Den Aufenthalt dort habe ich genutzt, um in der iranischen Botschaft ein Touristenvisum für den Iran zu besorgen. Das ging erfreulich schnell und unkompliziert. Ansonsten habe ich der Landeshauptstadt wiederum wenig

Beachtung geschenkt. Nach einem ausgiebigen Frühstück in einem der vielen stilvollen Cafés bin ich weitergefahren.

Bis zum Abend tat sich ein altbekanntes Problem auf: Die Suche nach einem geeigneten Plätzchen, um wild zu campen. Das ist in Neuseeland nicht einfach zu finden. Die Grünflächen des Landes werden fast ausschließlich als Weideland für Kühe und Schafe genutzt. Lange bin ich eine Nebenstraße auf- und abgefahren, um eine Lücke im gänzlich eingezäunten Gebiet zu finden. Vergeblich. Erst in Wanganui, einem schmucken Städtchen an der Ostküste, bin ich fündig geworden.

Wanganui liegt am – beinahe – gleichnamigen Whanganui River, dem größten schiffbaren Wasserweg des Landes. Nördlich des Stadtzentrums gibt es eine schöne Parkanlage direkt am Fluss. Dort habe ich mich häuslich niedergelassen und alles für ein opulentes Abendessen vom Gaskocher vorbereitet. Plötzlich tauchte ein Polizeiwagen auf. Vorbei mit dem wilden Campingspaß? Nein, der freundliche Cop meinte nur, dass die Tore an den Zufahrten zum Park nun geschlossen würden und ich erst morgen Früh ab 6.00 Uhr wieder rausfahren könne. Na prima. Das war also nicht nur ein idyllisches, sondern auch noch ein sicheres Plätzchen. Auf den Aufbau des Zeltes habe ich deshalb verzichtet und stattdessen eine Nacht unter freiem Sternenhimmel verbracht. Die Stimmung am nächsten Morgen war traumhaft, fast schon mystisch: Weit entfernt stieg die Sonne aus dem Meer, ihre Strahlen drangen langsam durch die Nebelbänke über dem Fluss, und ich lag eingekuschelt in meinem Schlafsack direkt am Ufer.

Dem Flusslauf des Whanganui River folgend, verläuft eine kleine, aber feine, kurvenreiche Straße. Ja, Hans, ich weiß: Ich lege immer wieder die gleiche Platte auf. But damned – auch hier hatte ich wieder Fahrspaß pur plus eine Landschaft mit sanft gewellten, saftig grün bewachsenen Hügeln. Zu deiner Beruhigung hat Neuseeland aber nicht nur Traumstraßen: In dem Nest Raetihi mündet der Asphalt in den State Highway und führt danach komplett unspektakulär Richtung Norden. War mir aber egal. Ich hatte ohnehin nur noch Auckland im Kopf, denn dort würde tags darauf Johanna ankommen.

Für die ersten gemeinsamen Tage nach mehr als einem halben Jahr Trennung hat uns Alyson ihr Haus zur Verfügung gestellt, aber ohne Alyson. Sie hat mal schnell einige Klamotten zusammengepackt, um sich für ein paar Tage bei Ewan einzuquartieren. Alyson meinte, dass wir nach der langen Trennung etwas Zeit für uns allein haben sollten. Ist es zu fassen? Jetzt vertreibe ich die Kiwis schon aus ihren eigenen Häusern.

Vor dem großen Moment galt es noch, eine Verschönerungskur an Mensch und Maschine vorzunehmen. Bei der Maschine war's einfach. Nach zwei Stunden Arbeit mit Seifenwasser und Politur sah die GS so gut aus wie schon lange nicht mehr. Beim leicht verwilderten Menschen gestaltete es sich schwieriger. Eine Verschönerung ging da nur im Rahmen der gegebenen Möglichkeiten, hatte also eher den Charakter einer Schadensbegrenzung. Und als ob das nicht schon schwierig genug gewesen wäre, habe ich mich noch von einem afrikanischen »Starfriseur« verunstalten lassen. Gänzlich ohne englische Sprachkenntnisse, hat der bestens gelaunte Figaro meine Wünsche nicht so ganz verstanden. Er dachte wohl, diesem merkwürdig sprechenden Typen am besten mit einem Zwei-Millimeter-Rasierer zu Leibe zu rücken. Als ich es geschnallt habe, war es zu spät.

So kam es also, dass ein Irokesenschnitt mit Blumenstrauß nervös auf dem Flughafen Auckland auf- und abging, schwankend zwischen Vorfreude auf die Liebste und Mordlust auf einen afrikanischen Friseur. Johanna hat über meinen Haarschnitt großzügig hinweggesehen. Der war nach so langer Trennung auch nicht wirklich wichtig.

Vier Wochen wird Johann dableiben, und wir werden echten Touristen-Urlaub machen. Die ersten Tage sind wir mit Motorradausflügen in die nähere Umgebung Aucklands bereits recht entspannt angegangen. Für Johannas Geburtstag hatte ich mir allerdings etwas Besonderes überlegt. Schon Wochen vorher hatte ich einen der begehrten Tische im Drehrestaurant des Sky Tower reserviert. Wir genossen einen stilvollen Abend mit klasse Essen und atemberaubenden Ausblicken auf das nächtliche Auckland.

Schöne Grüße von einem verliebten Bernd

**Von:** berndhaeusler@gmx.de
**Betreff:** Sightseeing mit Johanna
**Datum:** 1. März 2006
**An:** hans-on-the-road@gmx.de

---

Lieber Hans,

ein paar der großen Touristenziele hatte ich mir aufgehoben, um sie gemeinsam mit Johanna zu erleben. Die Coromandel-Halbinsel gehört in gewisser Weise dazu. Die kannte ich bisher ja nur von einer rasanten Clubausfahrt mit einer wie entfesselt fahrenden Japanerin. Jetzt haben wir uns etwas mehr Zeit genommen.

Tor zur Coromandel ist das ehemalige Goldgräberstädtchen Thames. Nach dem Ende des Goldrausches Anfang des 20. Jahrhunderts blieb ein verschlafenes Nest zurück. Die Atmosphäre vergangener Tage ist nur noch an dem einen oder anderen prachtvollen Holzhaus zu erahnen.

Immer in Sichtweite der Küste führt der Pacific Coast Highway nördlich von Thames an malerischen Buchten und kleinen Fischerdörfern vorbei. Wie die ganze Halbinsel ist auch das Städtchen Coromandel nach dem britischen Segelschiff »HMS Coromandel« benannt, das 1820 hier vor Anker lag, um Holz zu laden. Im Ort zweigt der State Highway 25 ab, der kurvenreich über die mit dichtem Busch bewachsenen Berge an die Ostküste führt. Die Ostseite der Halbinsel reizt mir ihren Badebuchten, an denen Tausende von Muschelschalen die Strände in tiefem Rosa erscheinen lassen.

Wir haben uns zwei Tage lang in Hahei niedergelassen, einem gemütlichen Fischerort und Ausgangspunkt für zwei besondere Strände in der Umgebung. Einer von ihnen ist der Hahei-Beach. Beim Abstieg kann man zwischen Palmen und Riesenfarnen immer wieder einen Blick auf das tiefblau schimmernde Wasser des Pazifik erhaschen. Entlang der Küstenlinie ragen bizarre Felsformationen wie achtlos liegen gelassenes Riesenspielzeug aus dem Wasser. Eigentliche Attraktion der Bucht ist die »Cathedral Cove«, ein Durchgang, den die Meeresbrandung aus dem weißen Kalkgestein der Küstenfelsen gespült hat. Seine Bogenform erinnert an eine Kathedrale.

Ein paar Kilometer südlich von Hahei gibt es am Hot Water Beach eine geothermale Besonderheit zu bestaunen: Bei Ebbe findet man dort dicht unter der Erdoberfläche heiße Thermalquellen. Seitdem weiß ich, warum rund um den Hot Water Beach jeder Souvenirshop für teures Geld Schaufeln vermietet. Vor Anstrengung keuchende, meist übergewichtige Touristen, graben damit kleine Pools in den Sand, die sich schnell mit warmem Wasser füllen und hervorragende Naturbadewannen abgeben. Die hereinkommende Flut zerstört die mühsam errichteten Bauwerke, was den Schaufelvermietern ein anhaltend gutes Geschäft sichert.

Der größte Widersacher von Queenstown im Wettstreit um die Gunst der Besucher ist Rotorua, das Zentrum des thermalen Wunderlands im Herzen der Nordinsel. Der unüberschaubaren Anzahl von Hotels, Backpackerunterkünften und Ferienhäusern nach zu urteilen, liegt Rotorua gut im Rennen. Zumindest kann es für sich in Anspruch nehmen, das erste touristische Zentrum des Landes gewesen zu sein.

Schon in der zweiten Hälfte des 19. Jahrhunderts kamen reiche Briten auf Passagierdampfern, um zu sehen, wie ihre ausgewanderten Verwandten im Paradies so lebten. Die feine englische Gesellschaft strömte nach Rotorua, um das achte Weltwunder zu bestaunen. So euphorisch wurden die »Pink and White Terraces«, Terrassen aus rosafarbenem Kiesel-Sinter, südöstlich von Rotorua tituliert. Die Betonung liegt auf »wurden«. Denn am 10. Juni 1886 war es auf einmal vorbei mit den Einnahmen schlauer Maori, die die Touristen in Khakihosen und Tropenhüten über den Lake Tarawera zu den Terrassen brachten. An diesem Tag brach der gleichnamige Mt. Tarawera in einer gewaltigen Eruption aus. Ein mehrere Kilometer langer Krater öffnete sich, und weite Gebiete, darunter die nahe gelegenen »Pink and White Terraces«, wurden unter einer dicken Ascheschicht begraben.

Aber auch ohne Weltwunder ist Rotorua eine Reise wert. Schon wenn man sich der Stadt nähert, ist zu spüren, dass man sich in einer anderen Welt befindet. Geheimnisvolle Dämpfe steigen aus Schachtdeckeln und zwischen Bordsteinen auf, Teiche und Seen mit kochend heißem Wasser schimmern in champagnerfarbenen Tönen, Bäume und Sträucher an ihren Ufern sind apokalyptisch weiß versengt. Überall in der Stadt riecht man dem Gestank von faulen Eiern – der stammt vom Schwefeldioxid, das aus dem Erdinneren steigt.

Rotorua liegt in einem der geothermisch aktivsten Gebieten der Erde. In mehreren Thermalzentren in der Umgebung demonstriert die Natur eindrucksvoll, welche Kräfte irgendwo da unten toben: Geysire schießen heiße Fontänen hoch in den Himmel, in Tümpeln blubbert kochender Schlamm, schwefelhaltiges Wasser ergießt sich bei mörderischen Temperaturen über Terrassen und färbt diese in ein Kaleidoskop schillernder Farben.

Wer aus Europa stammt und nicht gerade Luigi, Giuseppe oder Giovanni heißt, also nicht in der Nähe des Ätna oder des Vesuv wohnt, für den sind solche Naturschauspiele ein absolutes Novum. Wir haben uns für Rotorua deshalb ein paar Tage Zeit genommen und uns in einem Ferienhaus in der näheren Umgebung eingemietet.

Hans, bitte erinnere mich bei Gelegenheit daran, dass ich dem neuseeländischen Regengott einen Altar bauen und ihm ein Opfer darbieten sollte. Er bleibt mir nämlich wohlgesonnen und hat sich dazu entschlossen, den gesamten Regen unserer vierwöchigen Rundreise komprimiert an einem Tag zu senden. Diesen Tag haben wir im Whirlpool auf der Terrasse unseres Ferienhauses vergammelt.

Rotorua ist nicht nur für das berühmt, was sich im Inneren der Erde abspielt, sondern auch dafür, was oberhalb wächst. So ist für Naturliebhaber das 288 Hektar große Waldgebiet mit dem unaussprechlichen Namen Whakarewarewa Forest ein absolutes Muss. Die Anpflanzung des Waldes erfolgte vor 100 Jahren als Großversuch, um besonders geeignete Baumarten für eine kommerzielle Holzwirtschaft herauszufinden. Die in Kalifornien beheimatete Radiata Kiefer tat sich dabei mit erstaunlichen Wuchsleistungen hervor, ihr Holz ist heute ein Exportschlager. Attraktion des Waldes sind jedoch die mächtigen Californian Redwoods, die ihre gewaltigen Kronen bis zu 60 Meter in die Höhe recken. So viel zu den nüchternen Fakten.

In der Realität taucht man hier in einen zauberhaften Märchenwald ein. Die wenigen Sonnenstrahlen, die durch das gewaltige Blattwerke der Baumriesen dringen, tauchen die Szenerie in ein diffuses Licht. Der intensive Duft der Redwoods wirkt beruhigend und ist Balsam für gestresste Gemüter. Alle Geräusche von außen werden von den majestätischen Bäumen geschluckt. Es herrscht eine gedämpfte, entspannte Atmosphäre. Unweigerlich senkt man die Stimme, spricht nur noch im Flüsterton und wartet darauf, dass hinter der nächsten Biegung ein Hexenhäuschen aus Lebkuchen auftaucht. An so einem Ort der vollkommenen Ruhe wäre schon das Geräusch knirschender Kieselsteine zu laut. Die Wege sind deshalb mit Rindenmulch bestreut, der jedes überflüssige Geräusch schluckt.

Eine weitere Attraktion des Lebens auf der Erdoberfläche von Rotorua ist das Kiwi-Encounter. Das Glück, einen Kiwi in freier Wildbahn zu sehen, bleibt nämlich nur ganz Wenigen vorbehalten. Die nachtaktiven Tiere sind extrem scheu und nur noch in den Wäldern Northlands sowie auf der fast unbewohnten Stewart Island, südlich der Südinsel, beheimatet. Im Kiwi-Encounter und in anderen Aufzuchtstationen wird ein enormer Aufwand betrieben, um die Population der vom Aussterben bedrohten Vögel zu vergrößern.

Mehr als 90 Prozent der geschlüpften Küken überleben die ersten sechs Lebensmonate in freier Wildbahn nicht. Daher entnehmen die Mitarbeiter der Station die Eier aus den Nestern und lassen sie unter wärmendem Infrarotlicht ausbrüten. Nach dem Schlüpfen durchlaufen die Küken mehrere Stationen, die man als Besucher durch große Glasscheiben beobachten kann. Es kann mehrere Tage dauern, bis sich die Mini-Kiwis durch die harte Eierschale gekämpft haben. Einmal geschafft, dürfen sie sich auf ein mehrwöchiges Verwöhnprogramm freuen. Liebevoll werden sie von den Pflegern aufgepäppelt. Der Anblick, wenn einem dieser winzigen kuscheligen Knäuel Spezialnahrung durch den langen Schnabel eingeträufelt wird, ist jeden Cent des Eintrittgeldes wert. Nach ein paar Wochen ist das sorgenfreie All-inclusive-Leben vorüber. Die Vorbereitung auf das harte Leben in der Wildnis beginnt. Auf nachempfundenem Waldboden lernen die Kiwis, ihre Nahrung selbst zu finden. Ein Schauspiel, bei dem man stundenlang zuschauen könnte: Jungkiwis, die hektisch auf- und abrennen und hörbar schnüffelnd im Laub herumstochern. Letzte Station für die Kiwis in Gefangenschaft ist ein Freigehege mit möglichst natürlichen Lebensbedingungen. Danach werden sie in ihren ursprünglichen Revieren ausgesetzt.

Mit Taupo verbinde ich Erinnerungen an ein schönes Weihnachtsfest und ein Partywochenende mit internationalen Bikerinnen. Wir haben bei der Weiterfahrt nur für ein Mittagessen dort angehalten. Unser nächstes Etappenziel hieß Napier, wegen des angenehmen Klimas und seiner einzigartigen Architektur ein beliebtes Touristenziel. Napier liegt an der Hawke Bay, einer tief eingeschnittenen, 150 Kilometer langen Bucht an der Ostküste. In das Landesinnere hinein erstrecken sich fruchtbare Ebenen, auf denen die besten Rotweine Neuseelands wachsen. Die Trauben erfreuen sich idealer Bedingungen bei geringen Niederschlägen und der höchsten durchschnittlichen Sonnenscheindauer des Landes.

Das markante Datum für die Stadt ist der 3. Februar 1931 um 10:34 Uhr. Napier und die Nachbarstadt Hastings wurden an diesem Tag von einem Erdbeben mit anschließendem Großfeuer komplett zerstört. Neuseeland erlebt jedes Jahr sage und schreibe rund 16.000 Erdbeben, von denen der Mensch aber nur ein Prozent wahrnimmt. Das Beben in der Hawke Bay war das stärkste je gemessene in der Geschichte des Landes. 258 Menschen starben. Die seichte Badebucht vor Napier verschwand, da sich der Meeresboden um zwei Meter anhob. 4.000 Hektar neues Land wurden dadurch geschaffen.

Trotz der Weltwirtschaftskrise, die auch an Neuseeland nicht spurlos vorüberging, wurde Napier schnell wieder aufgebaut und zwar komplett im Art-Deco-Stil. Diesem fehlt ein zugrundeliegendes Stilmerkmal oder eine stilbildende Anschauung. Er hat sich als Form des Jugendstils mit geometrischen, linearen und funktionalen Stilelementen entwickelt. Beliebte Motive sind Kreise, Rechtecke oder Sonnenaufgänge mit dekorativen Strahlenbündeln in intensiven Farben. Die Stadt besticht heute durch ein einzigartiges Ensemble von Häusern in Art-Deco. Napier gilt als die am besten erhaltene Art-Deco-Stadt, nur in Miami Beach und im französischen Reims stehen ähnlich viele Gebäude.

Doch nicht nur diese Bauten machen das besondere Flair Napiers aus. Es scheint, als ob die ganze Stadt in den 30er-Jahren des letzten Jahrhunderts stecken geblieben ist. Der Brauch, sich auch im Alltag im Stil der 30er zu kleiden, wird von den Einwohnern gepflegt. Wer es sich leisten kann, fährt mit einem Oldtimer aus jener Zeit herum.

Johanna und ich haben zwei schöne Tage in Napier verbracht, bevor es weiter nach Wellington ging. Und schon wieder habe ich die Hauptstadt mit Missachtung bedacht. Wir sind nämlich ohne Umwege zu Gill gefahren, meiner Zufallsbekanntschaft vom letzten Blitzbesuch in Wellington. Mir ihrem Mann Shane und den Kindern hatten wir einen unterhaltsamen Abend.

Am nächsten Morgen meinte Gill: »Ihr habt Glück, dass wir im Urlaub sind, wenn ihr in zwei Wochen von der Südinsel zurück nach Wellington kommt.« »Wieso?« »Na weil ihr dann das ganze Haus für euch alleine habt.« Mit diesen Worten warf sie mir den Hausschlüssel zu. Tja, die Neuseeländer.

Südinsel. Vom Fährhafen Picton aus führt der 17 Kilometer lange Queen Charlotte Scenic Drive Richtung

Westen. Die schmale und kurvenreiche Strecke schlängelt sich im Schatten von Urwaldbäumen und enormen Farnen an den Felsen der Küstenlinie entlang. Am Ende des Scenic Drives liegt die Ortschaft Havelock. Und die nehme ich zum Anlass, um dir etwas über einen besonderen Komplex der Kiwis zu schreiben: den Hauptstadtkomplex.

Havelock ist ein kleines Nest und trotzdem eine Hauptstadt, die Hauptstadt der Grünschalenmuschel, wie ein überdimensioniertes Schild am Ortseingang großspurig ankündigt. Und so wie Havelock, gibt es viele Ortschaften, die die Hauptstadt von irgendwas sein wollen. Dargaville, nördlich von Auckland, ist die Hauptstadt der Kumara, der Süßkartoffel, die die Maori aus Polynesien mitgebracht haben. Te Puke in der Bay of Plenty nennt sich Hauptstadt der Kiwifrucht. Gisborne in der Nähe der Hawke Bay ist Hauptstadt des Chardonnay. Taupo hat sich den Titel Forellenhauptstadt Neuseelands geschnappt, weil die sich in Scharen im Lake Taupo tümmeln. Turangi, am Südufer des Sees gelegen, hätte sich auch gerne mit diesem Namen geschmückt, war aber zu spät dran. Ersatzweise ist Turangi jetzt die Hauptstadt des Forellenangelns. Rakaia in der Nähe von Christchurch hat solche Probleme nicht. Niemand streitet sich mit der kleinen Ortschaft um den Titel Lachshauptstadt Neuseelands. Das mondäne Queenstown kann sich nicht auf Neuseeland beschränken und nennt sich großspurig Abenteuerhauptstadt der ganzen Welt. Du siehst, die Kiwis haben einen echten Hauptstadt-Tick.

Die langen Fahrtage waren anstrengend. Wir haben uns deshalb auf ein paar erholsame Tage in einem schnuckeligen Holzhäuschen in der Nähe des pulsierenden Städtchens Nelson auf der Südinsel gefreut. Das milde Klima, Häuser im viktorianischen Stil, nette Cafés, gepflegte Parkanlagen und vor allem die Traumstrände an der Tasman Bay machen Nelson zu einem beliebten Urlaubsziel mit südländischem Flair. Alternative Künstler, Holzschnitzer, Töpfer und Weber treffen sich hier zum samstäglichen Stelldichein auf dem Künstlermarkt.

Beim Schlendern über den Markt beschäftigte mich ein schwer wiegendes Problem: Wie könnte ich diese vier Meter hohe seltsame Skulptur aus rostigen Sägeblättern auf der GS transportieren? Für den Schnäppchenpreis von knapp 13.000 Euro musste ich das Teil unbedingt haben. Eine akzeptable Lösung zeichnete sich nicht ab, als Johanna plötzlich wie erstarrt stehen blieb. Jetzt erst sah ich ihn auch. War er eine Fata Morgana? Nein, dieser Weißwurststand im bayerischen Design stand wirklich da. Als wir ehrfürchtig näher traten war klar, dass es sich hier um ein weißblaues Paradies handelte: Weißwürste, Rote Würste, Leberkäse und Rauchfleisch – meine Güte, wie lange schon konnte ich von solchen Köstlichkeiten nur träumen? Und weil jeder Deutsche sich nach Meinung der Kiwis ausschließlich von Sauerkraut ernährt, gab es die Weißwürste hier mit Sauerkraut. Dieses Sauerkraut-Business treibt übrigens seltsame Blüten: In Christchurch gibt es angeblich eine Pizzeria, die eine Pizza mit Sauerkraut auf der Karte hat. Kaum zu glauben.

Das hat uns zumindest ein Deutscher aus Nelson erzählt. Davon gibt es viele. Schon Mitte des 19. Jahrhunderts kamen die ersten deutschen Aussiedler nach Nelson. Heute trifft sich die deutsche Gemeinde jeden Samstag auf dem Markt um den Wurststand herum. An diesem Samstag verstärkt um ein paar deutsche Biker. Außer uns sind nämlich noch Rosa und Tommy aufgekreuzt, mit denen wir in Nelson verabredet waren. Die beiden bewegen sich langsam Richtung Norden, um ihre beiden BMW F 650 bald von Auckland aus nach Los Angeles zu verschiffen. Zusammen mit weiteren Deutschen hatten wir an diesem Tag einen geselligen Kneipenabend mit viel Gelächter und interessanten Reisegeschichten.

Das Ferienhaus, vierzig Kilometer westlich von Nelson am Old Highway 61 gelegen, hatten wir uns sorgfältig ausgesucht. Weit weg von der nächsten Ortschaft an eine Waldlichtung geschmiegt, war es die perfekte Entspannungslocation. Eine Gegend, die in keinem Reiseführer erwähnt wird.

Ausgerechnet hier hatten wir eines unserer faszinierendsten Landschaftserlebnisse in Neuseeland. Die geballte Fülle einer mystischen Zauberlandschaft traf uns morgens kurz nach 5.00 Uhr auf der kleinen Straße durch das Tapawera Valley: Das Tal ist eingerahmt von der Bergkette der Arthur Range. In vier hintereinander liegenden Kammlinien steigen die Bergketten von sanft gewellten Hügeln in vorderster Reihe bis zu gezackten Gipfeln in 1.800 Meter Höhe im Hintergrund an. Im nebligen Dunst des anbrechenden Tages sind die grün bewachsenen Hügel und schneebedeckten Gipfel nur schemenhaft zu erkennen. Vor dieser Kulisse thront eine kilometerlange, in dichtem Abstand gepflanzte Reihe von mächtigen Nadelbäumen. Der Motueka River schlängelt sich durch das Tal. Die ersten Strahlen der aufgehenden Sonne finden ihren Weg durch die Nebelbänke auf den glitzernden Fluss. Die Natur schläft noch. Nur das leise Brummen des GS-Motors durchbricht die Stille dieser einzigartigen Landschaft. Wir sind ergriffen, fühlen uns beide wie auf einem anderen Stern.

Wir waren zu dieser unchristlichen Zeit unterwegs, um eine kombinierte Wander- und Kajaktour im kleinsten Nationalpark Neuseelands, dem Abel Tasman National Park, mitzumachen. Der Park erstreckt sich von der Westküste der Tasman Bay bis zum State Highway 60 im Landesinneren. An der Küstenlinie entlang verläuft der Abel Tasman Coastal Track, einer der populärsten Wanderwege des Landes. Wir haben uns frühmorgens vom Wassertaxi an einer der zahlreichen Buchten absetzen lassen und sind bis zur Mittagszeit entlang des Tracks zurückmarschiert. Herrliche türkisblaue Lagunen und goldfarbene Sandbuchten in Sichelform reihen sich hier wie an einer Perlenkette aneinander. Die Buchten sind umgeben von riesigen sattgrünen Baumfarnen und Nikaupalmen. Zusammen mit dem türkisfarbenen Meer ein perfektes Südseeidyll. Den Rest des Tages sind wir in Kajaks entlang der Küste zum Ausgangspunkt zurückgepaddelt.

Alle Wege führen zu meinem »favourite Place« in Neuseeland, zum Lake Rotoiti. Gut, so viele Wege gibt es auf der Südinsel ohnehin nicht. Dieser See zieht mich eben immer wieder magisch an. Und Johanna wollte ich ihn nicht vorenthalten. Eine kurze Stippvisite, dann ging es zu einer weiteren »Hauptstadt« Neuseelands, nach Hokitika – the Capital of the Greenstone, der Jadehauptstadt.

Mit Beginn des Goldrausches vor 140 Jahren kamen europäische Glücksritter auf der Suche nach schnellem Reichtum in Heerscharen nach Hokitika. Denn in der Gegend gab und gibt es immer noch reiche Vorkommen des »Pounamu«, wie die Maori den Greenstone nennen. Der Jadestein wird zu Schmuck mit Maorisymbolen verarbeitet und in den Souvenirläden Hokitikas verkauft. Jade hat für die Maori eine wichtige spirituelle Bedeutung. Die verschiedenen Symbole von Jadeanhängern stehen für bestimmte Eigenschaften sowie positive Prophezeiungen für den Träger. Aber wie fast immer im Leben, hat auch diese Sache einen Haken. Die Prophezeiung erfüllt sich nur, wenn der Anhänger das Geschenk eines geliebten Menschen ist und dieser ihn selbst gefertigt hat. Also nichts mit auf die Schnelle einen Anhänger im Souvenirshop kaufen.

Zur Lösung des Jadeproblems hatten wir glücklicherweise einen Plan B in der Tasche, einen Geheimtipp von Alyson: Wir würden die Anhänger im Schweiße unseres Angesichts selbst aus den Jadesteinblöcken schleifen und polieren. Ein Freund von Alyson mit dem vertrauenerweckenden Spitznamen »The mad Kiwi« bietet das in seiner Kunstwerkstatt an. So haben wir fast einen Tag beim verrückten Kiwi verbracht, um unsere eigenen Glücksbringer herzustellen. Johanna hat für mich einen »Fish Hook« gemacht. Der steht für Stärke, Entschlossenheit, er beschert Frieden, Wohlstand, gute Gesundheit und sorgt für sichere Reisen über Wasser.

Anstatt übers Wasser zu reisen, sind wir erst einmal durch das Wasser weitergereist – bei Regen über den Arthur's Pass nach Christchurch. Mir rund 350.000 Einwohnern ist Christchurch die größte Stadt der Südinsel. Trotzdem fehlt der Ostküsten-Metropole etwas, was viele winzige Ortschaften in Neuseeland für sich in Anspruch nehmen: einen Hauptstadttitel.

Mitte des 19. Jahrhunderts haben sich Auckland und Christchurch darum gestritten, Hauptstadt der neuen britischen Kolonie zu werden. Lachender Dritter war das zwischen beiden Städten gelegene viel kleinere Wellington. Heute sind die Stadtoberen nicht einmal einfallsreich genug, um Christchurch wenigstens zu Neuseelands Hauptstadt von irgendwas zu machen. Gibt es hier nichts, was man hervorheben könnte?

Zwischen der wie mit einem Lineal gezogenen Pegasus Bay und dem riesigen Farmland der Canterbury-Ebene gelegen, wirkt Christchurch auf den Besucher zunächst unattraktiv. Das Konzept der gitternetzartig angelegten Straßen ist streng und durch das Wirrwarr vieler Einbahnstraßen für Ortsfremde sehr verwirrend. Verbrochen hat dies der Gründer der Stadt, John Robert Godley. Der landete 1848 an der Küste im Auftrag der anglikanischen Kirche und brachte deren Besiedlungspläne mit. Die neu gegründete Stadt sollte ein besseres Ebenbild der englischen Gesellschaft sein, mit Betonung des kirchlich religiösen Einflusses. Auf den ersten Schiffen kamen 1850 deshalb nur handverlesene Siedler an.

Aber die Rechnung Godleys ging nicht auf, was ihm gerade recht geschah, diesem langweiligen Spießer. Seine frommen Siedler kamen nämlich schnell in Kontakt mit rohen australischen Arbeitern der umliegenden Farmen und waren sehr schnell gar nicht mehr so fromm. Immerhin hat Godley für den Bau der beeindruckenden Christchurch Cathedral im gotischen Stil gesorgt. Nach dem Willen Godleys sollte kein anderes Gebäude jemals die 65 Meter hohe Turmspitze der Kathedrale überragen. Bis zum heutigen Tag halten sich die Stadtväter daran. Christchurch ist deshalb eine Großstadt ohne Hochhäuser und einem ziemlich dörflichen Charakter.

Wenn schon nicht Hauptstadt von irgendwas, darf sich Christchurch wenigstens »Garden City« nennen. Über ein Viertel der Innenstadtfläche wird von Grünanlagen und Parks eingenommen. Wir haben nur eine Nacht in Christchurch verbracht und uns den ganzen Abend vom Zauber des Hagley Parks, der grünen Lunge der Stadt, vereinnahmen lassen. Künstlich angelegte Seen, der botanische Garten, perfekt gepflegte Grünanlagen, baumgesäumte Spazierwege und vor allem die vielen mächtigen Trauerweiden entlang des Avon River wirken »very british«. Christchurch wird deswegen oft als die englischste Stadt außerhalb Englands bezeichnet.

Am nächsten Tag hatten wir nur eine kurze Etappe zu bewältigen – knapp 200 Kilometer Richtung Norden nach Kaikoura. Als gewissenhafter Tourist bereitet man sich durch ausgiebige Reiseführerstudien sorgsam auf seine Reiseziele vor. Über Kaikoura liest man dabei etwas verkrampft wirkend Höfliches: Nettes Städtchen, landschaftliche reizvoll gelegen (welcher Ort in Neuseeland ist das nicht?) und bekannt für Restaurants mit guten Fischgerichten (für einen Ort am Meer nicht gerade eine Besonderheit). Warum die Beschreibung über den Ort nicht einfach weglassen? Es wäre sinnvoll, denn kein Mensch kommt wegen Kaikoura nach Kaikoura. Man kommt nur aus einem einzigen Grund: Wale.

Vor der Küste Kaikouras endet ein Netz von Tiefseegräben, die mit ihren thermischen Strömungen perfekte Bedingungen für marines Leben bieten. Pottwale fühlen sich in dem bis zu zwei Kilometer tiefen Meeresabschnitt wohl, ab und zu verirren sich auch Orcas hierher. Die Whalewatch-Touren mit speziellen, bärenstark motorisierten Booten sind mit einem Preis von rund 70 Euro pro Person kein Schnäppchen, aber absolut lohnenswert. Den größten Teil des Preises gibt's zurück, wenn man keinen Meeressäuger zu sehen bekommt. Aber das passiert fast nie. Es sind immer mehrere, mit hochmodernen Ortungsgeräten ausgestattete Boote draußen. Wird ein aufgetauchter Wal gesichtet, werden alle Boote benachrichtigt.

Ich kann dir sagen: Diese Riesenviecher bieten einen beeindruckenden Anblick. Ein bis zwei Minuten bleiben sie an der Wasseroberfläche, bevor sie wieder abtauchen.

Das Letzte was man sieht, ist die riesige Schwanzflosse. Da lohnt es sich, die Kamera mal stecken zu lassen und die volle Konzentration auf dieses Schauspiel zu richten.

Das war's dann auch für uns. Die Zeit auf der Südinsel war abgelaufen. Auf dem Weg nach Picton zum Fährhafen hat uns noch ein heftiger Gewitterregen erwischt. Wir haben bei einem ganz einsam gelegenen Imkereibetrieb Unterschlupf gesucht. Muss ich extra erwähnen, dass die netten Leute uns wie selbstverständlich zum Mittagessen eingeladen und uns noch das Imkereihandwerk gezeigt haben?

Vorbei an unzähligen kleinen Inseln schlängelt sich die Fähre ihren Weg durch die Cook Strait. Diese ist berüchtigt für ihren mitunter schweren Seegang. Und dreimal darfst du raten – genau: Wir hatten einen besonders schweren. Mein lieber Mann! Ich werde glücklicherweise nie seekrank, aber dieses Geschaukel war sogar meinem abgehärteten Magen beinahe zu viel. Besonders wenn die mehrere Meter hohen Wellen mit voller Wucht gegen die Aussichtsfenster schlugen. Da war ich um meinen Jadeanhänger froh, der mir sichere Reisen übers Wasser beschert. Auch Johanna hatte mit ihren Eingeweiden zu kämpfen, und das Rot des GS-Schnabels schien mir bei der Ankunft in Wellington etwas blasser als sonst zu sein. Nach dieser Überfahrt waren wir alle drei froh, abends nicht mehr auf Quartiersuche gehen zu müssen: Schnell zum Haus von Gill und Shane, noch ein Glas Wein zur Beruhigung des Magens, und dann hatten wir fertig für heute.

Wer nach Neuseeland kommt, kommt wegen der Natur. Dort wo Natur ist, sind aber meistens keine Arbeitsplätze. Würde ich dauerhaft in Neuseeland leben und dies, durch den Job bedingt, in einer Großstadt, dann würde ich Wellington, die kleine Hauptstadt mit dem großen Flair, aussuchen. Das kann ich jetzt sagen, nachdem ich endlich Zeit hatte, mir Wellington einmal genauer anzusehen.

Die »Wellywood« genannte Filmmetropole Neuseelands kannst du dir wie ein riesiges römisches Theater vorstellen. Zuschauer sind die stilvollen viktorianischen Holzhäuser, die an den steilen Hügeln rund um die City kleben. Manche sind nur über Zahnradbahnen zu erreichen. Die Bühne bilden die pompösen Regierungsbauten und modernen Glaspaläste der Innenstadt. Hauptdarsteller ist das futuristisch anmutende Parlamentsgebäude, von den »Locals« wegen seiner Bienenkorbform »Beehive« genannt.

Weiterer architektonischer Leckerbissen ist das direkt an der Wasserfront gelegene Te Papa Museum. Das Te Papa, zu Deutsch »unser Land«, gilt als derzeit modernstes Nationalmuseum der Welt. Auf einer Ausstellungsfläche in der Größe von drei Fußballfeldern wird mit Hilfe virtueller Technik alles gezeigt, was über die Geschichte, Gegenwart und Zukunft des Landes erwähnenswert ist. Das eine oder andere der über eine Million Exponate könnte allerdings unerwähnt bleiben. Zum Beispiel die Asphaltstreifen, die den Werdegang eines soeben plattgefahrenen Possums zeigen, bis es schließlich vom Verkehr völlig in den Asphalt eingearbeitet worden ist. Du weißt ja: Die Kiwis hassen ihre Possums heiß und innig.

Wellington ist das Kunst- und Kulturzentrum des Landes. Seit die Filmregisseure Hollywoods die Landschaften Neuseelands als Filmkulisse entdeckt haben, boomt auch die einheimische Filmindustrie. Das alljährlich stattfindende International Film Festival gehört zu den kulturellen Topereignissen des Landes. Auch das International Festival of the Arts, das Royal New Zealand Ballet, das New Zealand Symphony Orchestra und viele private sowie öffentliche Galerien sind hier zu Hause. Wellington vermittelt den Eindruck einer weltmännischen Lifestyle-Metropole im Miniformat, eingebettet zwischen Bergen und der großen Bucht des Wellington Harbour.

Wir haben unser Hauptstadt-Sightseeing abrupt abgebrochen, weil Gill und Shane früher aus dem Urlaub zurückgekommen sind. Da haben wir gerne auf die eine oder andere Sehenswürdigkeit verzichtet. Der Kontakt zu lieben Menschen ist wichtiger.

Und diesen lieben Menschen war es nicht zu viel, sich einen ganzen Tag lang mit deutschen Touristen zu beschäftigen. Morgens haben wir mit Gill die Hügel um Wellington erwandert und bei orkanartigem Wind tolle Ausblicke auf die Stadt genossen. Seither weiß ich, warum die Stadt »windy Wellington« genannt wird und der Rest des Landes sich über ihre Einwohner lustig macht: Die seien so an den ständig starken Wind gewöhnt, dass sie auch außerhalb Wellingtons immer mit schrägem Oberkörper herumlaufen und ständig ihre Hüte festhalten würden.

Der Nachmittag war dem gepflegten Rasensport gewidmet. Wir sind mit Shane eine Runde golfen gegangen. Leider kein plötzlicher Anfall von Reichtum – Golf ist Volkssport in Neuseeland. Auf vielen Plätzen ist es auch ohne Clubmitgliedschaft möglich, für ein paar Dollar eine Runde zu spielen. Ich gehe allerdings davon aus, dass es diese großzügige Regelung bald nicht mehr geben wird. Zumindest nicht auf dem Platz bei Wellington, auf dem wir uns die Bälle um die Ohren gehauen haben. Der glich nach unseren stümperhaften Bemühungen, den kleinen Ball zu treffen anstatt den Rasen umzupflügen, nämlich einem Schlachtfeld.

Damit war unser gemeinsamer Motorradtrip durchs Land zu Ende. Ich habe mich am nächsten Tag von Gill, Shane und den Kindern verabschiedet und bin alleine die 650 Kilometer lange Strecke zurück nach Auckland gefahren. Johanna hat den Tag noch in Wellington verbracht und ist abends nach Auckland zurückgeflogen. Dort hatten wir noch einen gemeinsamen Abend mit Alyson und Ewan, bevor es soweit war: Johanna musste zurück in den Winter nach Deutschland, und ich blieb alleine am schönsten Ende der Welt zurück.

Gruß, Bernd (nun wieder solo)

**Von:** berndhaeusler@gmx.de
**Betreff:** Weintrauben und Briefkästen
**Datum:** 16. März 2006
**An:** hans-on-the-road@gmx.de

---

Lieber Hans,

ich kann dir sagen: Nach Johannas Abflug war bei mir erst einmal die Luft raus. Aber meine Neuseeland-Uhr tickt unerbittlich weiter. Nur noch ein paar Wochen im Paradies. Frightening! Wenigstens darf ich die mit des Schwaben Lieblingsbeschäftigung verbringen: Schaffe, schaffe! Ich werde die Weinlese bei Villa Maria mitmachen und an den Wochenenden bei der Renovierung des Hauses einer Freundin von Alyson mithelfen. Die teure Rückreise will schließlich finanziert werden.

Wie lässt sich der Gedanke an einen baldigen Abschied von Neuseeland am besten ertragen? Genau, man denkt an die Dinge, die hier vielleicht nicht ganz so toll sind. Und da hilft ein Blick in die Statistiken: Auckland nimmt bei der Kriminalität in den größten Städten eines Landes einen unrühmlichen zweiten Platz ein (Nummer eins ist Santo Domingo in der Dominikanischen Republik). In Auckland gibt es deshalb kaum ein Haus ohne Alarmanlage. Die nächste Statistik dürfte nicht für jeden negativ sein: Neuseeland steht beim Cannabiskonsum weltweit ganz oben. 22 Prozent der Bevölkerung rauchen sich ganz gerne mal zu.

Unglaublich erscheint einem, dass Neuseeland eine der höchsten Selbstmordraten unter Jugendlichen weltweit hat. Der »Spiegel« hat das Thema einmal mit einem Artikel »No Future in Paradise« aufgegriffen. Diese Überschrift trifft den Kern des Problems ganz gut. Abgesehen von einer handvoll Großstädte gibt es in Neuseeland eigentlich nicht viel außer Natur. Den Kids fehlt es an Perspektiven, sie sind gelangweilt. Um etwas zu erreichen, muss man hier studieren. Dazu hat aber nicht jeder die finanziellen Mittel oder geistigen Fähigkeiten. Ausbildungsberufe wie in Deutschland gibt es nicht.

Und eigentlich ist es egal, was man arbeitet. Bei in etwa gleich hohen Lebenshaltungskosten wie in Deutschland ist das Lohnniveau rund ein Drittel niedriger. Armut gibt es deshalb genügend, nur wird sie totgeschwiegen. Die Zeitungen berichten lieber seitenlang über den neuesten Ferrari oder das edelste Restaurant in der Stadt. Trotzdem ist Neuseeland nach wie vor Einwanderungsland Nummer eins: Rund 50.000 Menschen kommen jedes Jahr.

Und dazu kann ich nur sagen: Frauen, kommt ins Kiwiland! Nur in den USA, Trinidad, Litauen und Barbados gibt es prozentual mehr Frauen in beruflichen Toppositionen. Es ist zwar erschreckend, aber nun mal eine Tatsache: Das Land ist fest in der Hand des »schwachen Geschlechts«. Staatsoberhaupt ist nach wie vor die britische Queen. Diese wird vertreten durch die Generalgouverneurin Silvia Cartwright. Regierungschefin ist Helen Clark. Theresa Gattung ist Chefin der größten Firma im Land, der Telecom New Zealand.

Auch ein Blick auf die Schrulligkeiten der Einwohner wird mir vielleicht helfen, leichter Abschied zu nehmen. Da hätten wir zum Beispiel das hier: Taumatawhakatangihangakoauauatamateaturipukakapiki. Nein, ich habe heute noch nichts getrunken und ich bin auch nicht mit dem Kopf auf die Tastatur geknallt. Im Osten der Nordinsel gibt es einen Berg, der diesen prägnanten Namen trägt. Das Ganze ist Maori und bedeutet übersetzt: »Die Bergspitze, wo Tamata mit den großen Knien, Eroberer von Bergen, Landesser, Reisender über Land und See, seine Flöte für seine Geliebte spielte.« Noch Fragen? Manchmal spinnen sie halt, die Kiwis.

Und manchmal sind sie auch regelrecht erschreckend. Oder hast du in Deutschland schon einmal eine Station gesehen, an der man sein Baby umtauschen kann? Oder gibt es in Deutschland jemanden, der sich beim Elektriker einen neuen Haarschnitt verpassen lässt? Auch stehen es in Deutschland selten Mikrowellen und Bootsmotoren als Briefkästen im Vorgarten.

Die Weinlese bei Villa Maria ist in vollem Gang. Es ist zweifellos die aufregendste Zeit des Jahres auf einem Weingut. Jetzt, wenn die Trauben fast vollständig ausgereift sind, verändern sie ihren Zuckergehalt täglich. In den Labors wird deshalb auf Hochtouren gearbeitet. Doch trotz aller Laborarbeit sind es immer noch die Geschmacksnerven des »Senior-Winemaker«, die über den Startschuss zur Lese entscheiden.

Senior-Winemaker bei Villa Maria ist Corey Ryan, ein Meister seines Fachs. Frühmorgens gehen wir mit Corey eine Runde durch die Weinberge, seine Entscheidung sieht dann zum Beispiel so aus: »Vom Chardonnay lesen wir heute die Südseite der Rebstöcke, die Trauben an der Nordseite bleiben noch etwas, die sind noch nicht so weit. Die Reihen nah am Bach werden gar nicht gelesen, da die Trauben dort zu wässrig schmecken.« Die Unterschiede, die Corey feststellt, bleiben mir ein völliges Rätsel. Ich kann probieren so viel ich will – für mich schmecken alle Trauben gleich. Aber der überwältigende Erfolg von Villa Maria auf den Weinshows im In- und Ausland gibt dem Weinguru Recht.

Wenn die Entscheidung zur Lese gefallen ist, muss es schnell gehen. Dann wird von Sonnenaufgang bis Sonnenuntergang geschuftet. Ich selbst bin nur wenig damit beschäftigt, Trauben abzuschneiden, worüber ich gar nicht böse bin. Bei meiner Körpergröße ist das nämlich eine ziemliche Schinderei für den Rücken, da die Trauben etwa auf Hüfthöhe hängen. Das Traubenschneiden wird größtenteils von einem ganzen Schwarm indischer Arbeiter erledigt, die jeden Morgen wie die Heuschrecken auf dem Weingut einfallen. Ich bin meistens damit beschäftigt, die vollen Körbe einzusammeln und mit dem Traktor direkt zur Weiterverarbeitung zu fahren.

Die Beeren werden zunächst maschinell vom Stielgerüst getrennt und dann in einer Mühle zur Maische zerdrückt. Beim Weißwein wird der Fruchtbrei nun zu einem süßen Traubensaft gekeltert und in große Stahltanks geleitet. Dort bleibt der junge Weißwein sich selbst und der Gärung überlassen. Zwischendurch darf er ein paar Wochen in Eichenfässern baden, wenn der Winemaker der Meinung ist, es tue dem Geschmack gut.

Beim Rotwein wird nicht der Most, sondern die Maische vergoren, weil sich fast alle Farbstoffe in den

Schalen der Trauben befinden. Diese Farbstoffe werden vom entstehenden Alkohol aus den roten Fruchtschalen gelöst. Erst nach der Gärung wird gekeltert. Die Kräftigen unter den Rotweinen werden bei Villa Maria bis zu zwei Jahre lang in Eichenfässern gelagert. Der Wein übernimmt dabei die Geschmacks- und Farbstoffe des Holzes.

Trotz der harten Arbeit genieße ich es Tag für Tag, bei der aufregenden Zeit der Weinlese dabei sein zu dürfen. Die Arbeit erscheint mir sinnvoller als ein Bürojob in einer Bank. Wir produzieren hier edle Produkte, als Kugelschreiberartist zu Hause habe ich nur Aktenberge hin- und herbewegt.

Stell dir vor: Ich als Biertrinker mutiere fast schon zum Weinliebhaber. Ich mag es, verschiedene Weine zu testen und unterschiedliche Geschmacksnoten zu erkennen. Am besten geht das bei den Weinproben, die bei Villa Maria monatlich stattfinden. Dort wird nicht nur eifrig getestet und fein dazu geschlemmt. Der Winemaker erklärt auch die Zusammensetzung der getesteten Weine, und wo genau sie herkommen. Beim letzten »Wine tasting« hatte ich weibliche Unterstützung durch Alyson. Zur Feier ihres Geburtstages haben wir uns gemeinsam durch das Sortiment probiert.

Auf meine alten Neuseelandtage werde ich noch sportlich. Wieso? Die GS ist seit gestern in eine Kiste verpackt und wartet in einer Lagerhalle auf die Verschiffung nach Dubai. Rosa und Tommy haben geholfen, die

Maschine bei Villa Maria zu verpacken. Ich strample jetzt jeden Tag mit Alysons klapprigem Fahrrad zu meinem Boss Andy und fahre mit ihm zur Arbeit.

So langsam beginnt die Zeit der Abschiedspartys. Rosa und Tommy waren zuerst dran. Ihre beiden BMW F 650 sind schon auf dem Seeweg Richtung Los Angeles. Die beiden fliegen morgen mit zwei Wochen Zwischenaufenthalt auf den Fidschis hinterher. Eine Unverschämtheit. Die Abschiedsparty haben Gerda und Alex stilgerecht mit Weizenbier, Weißwürsten, Brezeln und Leberkäse geschmissen. Das war einfach paradiesisch.

Auf dem Weg zum Paradies musste ich allerdings eine hohe Hürde nehmen. Ich habe dir schon einmal geschrieben, dass es in Neuseeland viele Menschen mit einem Sinn für ausgefallene Briefkästen gibt. Inzwischen habe ich viele davon fotografiert. Irgendwann möchte ich die gesammelten Werke, zu einer Collage auf einem Poster zusammengefasst, daheim an die Wand hängen. 50 Briefkästen auf dem Poster waren mein Ziel. Nur ein einziger fehlte mir dazu noch, und den habe ich auf dem Weg zu Gerda und Alex entdeckt: Ein mit vielen kleinen Herzchen verziertes Exemplar. Der würde in meinem Briefkasten-Poster als Symbol für die Herzlichkeit der Kiwis stehen.

Soweit die Theorie. In der Praxis war der Hauseigentümer nicht ganz damit einverstanden, dass ich seinen Briefkasten fotografieren wollte. Er hat mich durch das Fenster beobachtet, mich übel beschimpft und schließlich mit einem Gewehr im Anschlag bedroht. Von wegen Herzchen, völlig durchgeknallt der Typ.

Kannst du dir vorstellen, ich wäre todesmutig ins Haus gestürmt, hätte die sich darin befindlichen bis an die Zähne bewaffneten Schwerverbrecher mit bloßen Händen überwältigt und an die Polizei übergeben? Ich auch nicht. Deshalb habe ich schnell das Weite gesucht und der Partygesellschaft von meinem Erlebnis erzählt. Vor allem Gerda war von der Geschichte über bewaffnete Vollidioten in ihrer Wohngegend nicht besonders angetan. Alex hat den Vorfall deshalb der Polizei angezeigt. Die Cops haben die Sache ziemlich ernst genommen und standen ein paar Minuten später zu viert vor der Tür. Im Streifenwagen nahmen sie mich mit zum Herzchen-Briefkasten. Eine kurze Lagebesprechung, dann wurde das Haus mit gezogenen Waffen gestürmt. Live-Krimi am Samstagabend, ich durfte vom sicheren Streifenwagen aus zuschauen. Die Vorstellung war schnell vorbei: Der Typ war zu den Cops etwas friedfertiger als zu mir. Sie haben ihm die Knarre abgenommen, fertig.

Die Waffengesetze in Neuseeland sind sehr streng. Bei einer Anzeige von mir wegen Bedrohung mit einer Schusswaffe hätte der Kerl ein paar Wochen im Knast verbracht. Ich habe großzügig darauf verzichtet, schließlich hatte ich durch ihn einen unterhaltsamen Abend. Ich wollte aber unbedingt noch das Bild von diesem Briefkasten, doch inzwischen war es dunkel geworden. Also haben mir die Cops den Briefkasten mit dem Streifenwagen schön ausgeleuchtet, und ich konnte das Foto schießen. Die Polizei, dein Freund und Beleuchter.

Gruß, dein briefkastensammelnder Freund Bernd

**Von:** berndhaeusler@gmx.de
**Betreff:** Abschied von Neuseeland
**Datum:** 10. April 2006
**An:** hans-on-the-road@gmx.de

Lieber Hans,

zum Schluss habe ich hier noch einmal etwas ganz Besonderes erleben dürfen – die Elliotts Bay. Knapp 200 Kilometer nördlich von Auckland liegt die 50.000-Einwohner-Stadt Whangarei in einer weiten hügeligen Buschlandschaft. Ein paar Kilometer nach Whangarei zweigt eine kleine Straße zur Ostküste hin ab. Wo eben noch der Verkehr auf dem State Highway 1 lärmte, herrscht auf einen Schlag Ruhe. Anfangs führt die Straße noch hin und wieder durch kleinere Dörfer, deren Häuser verstreut in die sattgrünen Hügel der Umgebung gebaut sind. Nach 50 Kilometern auf der kurvenreichen Strecke gibt es schließlich nichts mehr außer der atemberaubend schönen Elliotts Bay.

Dieses paradiesische Fleckchen Erde ist in Privatbesitz. John, der Eigentümer, könnte schon mit dem Verkauf eines kleinen Teils dieser Bucht locker ein paar Millionen machen. Es ist exakt so ein Plätzchen, an dem sich schwerreiche Kiwis oder Amerikaner gerne teure Ferienvillen hinstellen. John und seine Frau ziehen es aber vor, auf ihrer Farm ein beschauliches, friedliches Leben ohne fremde Eindringlinge zu führen. Sie denken nicht daran, auch nur einen Quadratmeter Land zu verkaufen.

Alyson und Ewan sind mit John befreundet. Er hat den beiden die einmalige Gelegenheit geboten, ein kleines Häuschen auf einer Anhöhe über der Bucht als Feriendomizil zu mieten. Bei den Renovierungsarbeiten habe ich etwas mit angepackt. In der angenehmen Stille dieser menschenleeren Traumlandschaft haben wir die Abende bei gedämpfter, tiefsinniger Unterhaltung mit Lagerfeuer am Strand verbracht. Und weil der Herbst hier noch richtig schön warm ist, habe ich nachts im Schlafsack am Strand geschlafen. Da kam der Romantiker in mir durch: Gibt es etwas Schöneres, als morgens sanft vom Rauschen des Meeres geweckt zu werden?

Ich kam mir in diesen Tagen ohnehin nicht sonderlich männlich vor. Erst diese romantischen Nächte am Strand, und jetzt stand auch noch der Abschied von Neuseeland bevor. Samstag Nachmittag ist mir erstmals richtig bewusst geworden, dass meine Neuseeland-Uhr tags darauf ablaufen würde. Während der letzten Wochen war der nahende Abflugtermin im Trubel der anstrengenden Sieben-Tage-Arbeitswochen untergegangen. Bei Villa Maria waren Zwölf-Stunden-Tage die Regel. Samstags und sonntags habe ich »zur

Erholung« nur acht Stunden lang Häuser angestrichen und Wände tapeziert. Das alles hat ordentlich an den Kräften gezehrt.

Es war die Zeit, in der ich trotz der vielen Arbeit versucht habe, noch so viel Neuseeland wie möglich in mich aufzusaugen und jede Minute ganz bewusst zu genießen. Oft bin ich, erschöpft von der Arbeit, bei Dunkelheit allein am Strand von Kohimarama gesessen und habe die Erlebnisse der vergangenen Monate Revue passieren lassen. Was hat mich all die Zeit eigentlich so fasziniert an diesem Land?

Sicher, manche Motorradstrecken, vor allem jene abseits geteerter Straßen, waren vom Feinsten. Schöne Offroadpisten gibt es aber auch in Südfrankreich oder sogar vor der eigenen Haustür im Allgäu. Die Berge Neuseelands sind sensationell – ich bin aber auch schon Berge in den Alpen hochgekraxelt, die den Vergleich mit den Kiwi-Gipfeln nicht zu scheuen brauchen. Die Strände im Abel Tasman National Park haben Südseecharakter. Den haben die in der Südsee aber auch. Die Faszination geothermaler Vulkangebiete gibt es ebenso in anderen Ländern zu bestaunen. Die Atmosphäre tiefblauer Seen inmitten von Berglandschaften, die saftig-grünen Weideflächen, die wildromantischen Steilküsten – das sind alles außergewöhnliche Naturschauspiele, aber eben nicht einzigartig auf dieser Welt. Okay, Gletscher, die bis an den Regenwald heranreichen, dürften weltweit einmalig sein. Gletscher und Regenwälder als solche jedoch nicht.

Das Unglaubliche an Neuseeland ist, dass es all diese

Naturwunder auf einer Fläche zu bestaunen gibt, die gerade mal der Größe Deutschlands ohne die neuen Bundesländer entspricht. Neuseeland ist die Welt im Taschenformat.

Die Erinnerung an diese Landschaften wird hoffentlich nie verblassen. Ich habe sie mir regelrecht ins Gehirn eingebrannt. Hingegen haben die Menschen Neuseelands Spuren in meinem Herzen hinterlassen, und ich verlasse das Land mit dem guten Gefühl, ebenfalls Spuren hinterlassen zu haben. Einige Kontakte werden hoffentlich erhalten bleiben.

Wir leben in einer pervertierten Gesellschaft, in der wir zu anderen Planeten fliegen, es aber nicht schaffen, mit unserem Nachbarn zu sprechen. Die Kiwis sind anders. Hier wird immer, überall und mit jedem gequatscht. Die Gespräche bleiben dabei meist oberflächlich. Aber ein oberflächliches Gespräch ist besser als gar kein Gespräch. Der Kontakt zu Menschen ist das Wichtigste im Leben – das ist die herausragende Erkenntnis meines Aufenthalts in diesem Land.

Am Samstag war mein letzter Stresstag in Kiwiland. Unter Zeitdruck bin ich in Alysons Auto in der Stadt umhergefahren, um die Einkäufe für meine Abschiedsparty am Abend zu erledigen: Weißwürste und Leberkäse vom schweizerischen Metzger, Brezeln vom deutschen Bäcker und Weizenbier vom Shop für German Specialties. Gerda hatte Erbarmen mit meinen bescheidenen Kochkünsten. Sie kam deshalb etwas früher und hat bei der Zubereitung meiner Henkersmahlzeit geholfen.

Als Fremder bin ich vor neun Monaten in ein fremdes Land gekommen. Jetzt haben 15 lieb gewonnene Menschen mit mir auf Alysons Terrasse eine schöne Farewellparty gefeiert. Ein Glück, dass es ein fröhlicher Abend mit viel ausgelassenem Gelächter wurde. So hatte ich die aufkommende Melancholie besser im Griff. Für mächtig Spaß sorgten die Bemühungen der Kiwis, mir mein nächstes Reiseziel Australien noch in letzter Minute madig zu machen. Jeder Tag bei den »bloody Aussies« sei pure Verschwendung. Ich habe dagegengehalten, dass ich unbedingt knuddelige Koalabären in natura sehen möchte. Die Chancen, welche in freier Wildbahn zu treffen, stehen gar nicht schlecht, da sie als nicht besonders clever gelten und eigentlich nichts anderes tun als zu schlafen und zu fressen. Aber auch dieses Argument hat nicht gestochen. Ich würde da etwas verwechseln, meinten meine Freunde, denn das sei kein typisches Verhalten der Koalas, sondern der Australier.

Nach einer unruhigen Nacht war es soweit. Ein letzter Spaziergang mit Alyson am Strand, ein letzter Cappuccino in unserem Lieblingscafé, eine letzte Kuschelrunde mit Dotty, der eitlen Katzendame. Es war ein Häufchen Elend, das sich da von Alyson zum Flughafen hat fahren lassen. Vor Monaten bin ich in das Haus meiner Englischpaukerin gezogen, jetzt verlasse ich meine New-Zealand-Mum. Wir haben's kurz gemacht: Eine letzte herzliche Umarmung und die Versicherung, dass wir uns bei ihrer nächsten Geschäftsreise nach

Europa wiedersehen werden. Da saß ich nun im Flugzeug und kam mir vor wie ein Irrer: Todunglücklich, weil dieses Flugzeug mich jeden Moment vom schönsten Land der Welt wegbringen würde und gleichzeitig freudig erregt ob der Abenteuer, die ich in den nächsten Monaten erleben würde.

Während ich diese Zeilen schreibe, sitze ich in Brisbane beim Frühstück. Tag zwei in Australien. Demnächst mehr von Roten Kontinent.

Viele Grüße, Bernd

**Von:** berndhaeusler@gmx.de
**Betreff:** Eine Woche Australien
**Datum:** 17. April 2006
**An:** hans-on-the-road@gmx.de

---

Lieber Hans,

good bye New Zealand, welcome Australia. Sehr willkommen war ich in Brisbane aber zunächst nicht. Zu Ostern treibt es die Aussies offensichtlich in die großen Städte. Da hätte ich grundsätzlich nichts dagegen, aber sie könnten sich dann wenigstens ordentliche Hotels gönnen, anstatt deutschen Touristen die Plätze in günstigen Backpacker-Unterkünften wegzunehmen.

Das meiste Gepäck, inklusive Motorradbekleidung, hatte ich zusammen mit der GS auf Reisen geschickt. Der mitgenommene Rest war aber immer noch schwer genug, um ihn schwitzend und fluchend auf der vergeblichen Suche nach einem günstigen Zimmer durch die Stadt zu tragen. Irgendwann zu später Stunde habe ich entnervt aufgegeben und kurzentschlossen mein Zelt in den Botanic Gardens aufgeschlagen.

Wahrscheinlich war das nicht ganz legal, aber was soll's – schließlich wurde »Brissie« 1824 als Sträflingskolonie gegründet. Die kennen sich hier also aus mit Outlaws.

Der Botanische Garten ist die grüne Lunge der Boomtown Brisbane. 180.000 Quadratmeter groß, eine Oase der Ruhe mit Palmen, Mangroven und Trauerweiden, direkt am Brisbane River gelegen. Ich hatte schon schlechtere Übernachtungsplätze.

Statt Sightseeing in Brisbane habe ich den ganzen Tag damit verbracht, alle Mietwagenfirmen abzuklappern. Vergeblich. Diese Aussies belegen zu Ostern nicht nur alle Betten in Billigunterkünften, sie schnappen sich auch noch alle günstigen Mietwagen. Ein bezahlbares Mietauto war über die Osterferien nicht zu bekommen. Damit musste ich meine gesamte Reiseplanung umschmeißen.

Nur eine Woche Urlaub in Australien – das klingt ziemlich abgedreht. Diese extrem kurze Zeit wollte ich dann wenigstens nutzen, um so viel wie nur irgendwie möglich von den Hot Spots zwischen Brisbane und

Sydney zu sehen. Ohne eigenes Fahrzeug war aber längst nicht alles Geplante machbar.

Für Kiwis ist es relativ normal, nur eine Woche Urlaub in Australien zu machen. Die verbringen sie dann meistens an der »Gold Coast« südlich von Brisbane, dem Mallorca Australiens mit Bettenburgen, überfüllten Sandstränden und Ballermannstimmung. Darauf zu verzichten, fiel mir nicht besonders schwer. Schwerer wog der Verzicht auf die landschaftlichen Highlights in den Nationalparks und auf das Hunter Valley, eine bekannte Weinbauregion nördlich von Sydney. Mit öffentlichen Verkehrsmitteln wären diese Ziele nur schwer erreichbar gewesen. Ich bin stattdessen direkt im Nachtzug nach Sydney durchgestartet.

In diesem riesigen Land ist es an der Tagesordnung, große Strecken mit Bus und Bahn zurückzulegen. Ich jedoch war nach 15 Stunden Zugfahrt wie gerädert und heilfroh, in der größten Stadt Australiens angekommen zu sein. Erschöpft bin ich in der Jugendherberge abgestiegen und habe mich erst einmal richtig ausgeschlafen. Als ich später vor dem weltberühmten Sydney Opera House stand, hatte ich dann das Gefühl, in Australien angekommen zu sein.

Sei ehrlich: Bin ich nicht ein Glückspilz? Nach neun aufregenden Monaten im Paradies war es mir vergönnt, auch noch diese Traumstadt zu sehen. Die einmalige Lage mit dem Naturhafen und den Pazifikstränden, die großartige Architektur, das historische Hafenviertel und die einer internationalen Metropole entsprechenden Kunst- und Kulturszene machen Sydney zweifellos zur faszinierendsten Stadt Australiens. Zwei Tage lang war ich von früh morgens bis spät in der Nacht unterwegs, um so viel wie möglich von Sydney zu sehen.

Dann war es höchste Zeit für ein bisschen Natur. Gerade mal eine Zugstunde westlich von Sydney liegt der Blue Mountains National Park. Für meine letzten Aussietage habe ich mich dorthin zum Wandern zurückgezogen. Der Park erhielt seinen Namen wegen des blauen Dunstes, den Millionen von Eukalyptusbäumen durch aufsteigende ätherische Öle entstehen lassen. Von Katoomba aus, der größten Stadt im Park, habe ich die dicht bewaldeten, wilden Canyons, die spektakulären Wasserfälle und die bis zu 1.000 Meter hohen Berge in anstrengenden Tagesmärschen erkundet.

Weil ich Koalas und Kängurus in freier Wildbahn bislang nicht zu Gesicht bekommen hatte, habe ich sie mir auf dem Rückweg nach Sydney in einem Tierpark angeschaut. Hätte ich lieber sein lassen sollen. Diese liebenswerten Kreaturen in Gefangenschaft zu sehen, war mitleiderregend.

Tja, das war's dann auch schon mit meinem Aussietrip. Ein kurzer, aber intensiver Einblick in dieses faszinierende Land.

Gruß vom One-Week-Aussie Bernd

**Von:** berndhaeusler@gmx.de
**Betreff:** Über Singapur nach Dubai
**Datum:** 30. April 2006
**An:** hans-on-the-road@gmx.de

---

Lieber Hans,

nächster Halt Singapur. Das Tor nach Südostasien ist Stadt, Insel und Staat zugleich. Die geschleckte Sauberkeit Singapurs ist weithin bekannt, vor allem wegen der drakonischen Strafen, die für ausgespuckte Kaugummis oder weggeworfene Zigarettenkippen verhängt werden. Ein bisschen übertreiben tun sie es aber schon. Geh im Flughafen auf die Toilette, und du kannst sicher sein, dass vor der Tür schon ein kleines Männlein wartet, um nach Erledigung des Geschäfts zu checken, ob du auch alles sauber hinterlassen hast.

Gut gelaunt bin ich morgens um 6.00 Uhr aus dem Flughafen rausmarschiert, und da ist es mir sofort wieder eingefallen – Singapur liegt fast am Äquator. Man läuft wie gegen eine Wand, die Luftfeuchtigkeit erreicht nachts bis zu 96 Prozent, tagsüber ist es mit durchschnittlich 84 Prozent auch nicht viel erträglicher. Aber das sind nackte Zahlen. Die Realität sah so aus, dass mir selbst ohne jegliche Bewegung der Schweiß wie in Sturzbächen über den Körper lief. Trotzdem habe ich mich wacker zwei Tage lang zum Sightseeing durch die Stadt gekämpft.

Der Engländer Stanford Raffles hat Singapur 1819 als Handelsstation zwischen China und Indien gegründet. Im 2. Weltkrieg wurde die Stadt von den Japanern erobert und nach dem Krieg wieder unter britische Regierungskontrolle gestellt. 1963 erlangte Singapur die Unabhängigkeit. Der Stadtstaat ist ein Multikultiland. Angehörige aller großen Weltreligionen leben hier friedlich nebeneinander. Malayen und Chinesen stellen den größten Bevölkerungsanteil.

Aber genug der trockenen Informationen, nun noch etwas Flüssiges: Tiger Beer, die Nummer eins in Südostasien. Tiger Beer, 1931 erstmals in Singapur gebraut, ist heute Marktführer in ganz Asien. Dank der hohen Qualität ihres Gebräus erringen die asiatischen Braumeister Jahr für Jahr internationale Preise. Das Bier wird in vielen Ländern der Welt geschätzt, auch in Deutschland. Tiger Beer klingt gefährlich und ist es auch. Manchmal liegen die Biester nämlich direkt vor einem auf dem Tresen.

Mit dem Bus bin ich zur nächsten Millionenmetropole weitergefahren: Kuala Lumpur, die Hauptstadt Malaysias, rund 350 Kilometer nördlich von Singapur gelegen. Wahrzeichen sind die Petronas Towers – bis vor kurzem das höchste Gebäude der Welt und leuchtendes Beispiel für die aufstrebende Wirtschaftsmacht Malaysia.

Ich kann dir sagen: Mit meinem unhandlichen Gepäck ist es mächtig anstrengend, auf öffentliche Verkehrsmittel angewiesen zu sein. Damit es dann wenigstens bei der Unterkunftssuche keine lange Schlepperei gibt, bucht der clevere Reisende vor. So weit so gut. Dumm nur, dass mein Hotel in Kuala Lumpur im Herzen von Chinatown lag. 200 Meter Fußweg mit dem ganzen Gepäck können da ganz schön lang werden.

Es war ein wahrer Spießrutenlauf durch eine wabernde Menschenmenge entlang der mit Verkaufsständen zugepflasterten Straße. Deutlich nach Tourist aussehend, war ich für die Verkäufer willkommenes Frischfleisch. Die haben gnadenlos an mir gezogen und gezerrt. Nach ihrer Meinung musste ich unbedingt eine echte Rolex für fünf Euro oder original Designerklamotten für wenig mehr haben. Welcome to Asia! Doch das alles vergisst der sparsame Schwabe sofort, wenn er die niedrigen Preise in Malaysia sieht: Das einfache, aber saubere Hotel kostete fünf Euro die Nacht.

Das Sightseeing tagsüber habe ich fast ausschließlich auf die vielen portablen Essstände in Chinatown beschränkt. Mit ein bisschen Mut, auch mal Exotisches zu probieren, kann man hier für ein paar Cent die geballte Vielfalt der malaysischen Küche genießen.

Zwischendurch habe ich schnell ein Busticket für die fünfstündige Fahrt zu meinem nächsten Ziel, den Cameron Highlands, gekauft. Das Ticket für den Luxusbus mit viel Beinfreiheit kostet 60 Cent mehr, das macht dann zusammen 5,20 Euro. Da kann sich auch der Schwabe etwas Luxus gönnen.

Der Ticketkauf an sich ist schon ein Erlebnis: In einem Seitengang des Busbahnhofs befinden sich links und rechts unzählige kleine Kabinen, in denen kleine Asiaten mit enormer Stimmgewalt sitzen. Außerhalb der Hauptsaison war ich ein begehrtes Opfer. Sie haben mir ihre Ticketangebote gnadenlos in die Ohren gebrüllt – der Lauteste hat gewonnen.

In den Cameron Highlands ist es angenehm kühl. Das hatten auch die englischen Kolonialherren gemerkt. Die reiche Gesellschaft hat sich hier Sommerresidenzen gebaut und nebenbei mit dem Anbau von Tee begonnen. Ich habe mich in den Highlands mit Florian aus Düsseldorf zusammengetan, den ich in Kuala Lumpur am Busbahnhof kennen gelernt habe. In der angenehmen Frische des Mittelgebirges auf 1.500 Meter Höhe hatten wir zwei erholsame Tage mit kleineren Wanderungen im Bergdschungel und Besichtigung einer Teeplantage.

Zwischendurch habe ich meine Wäsche in der Wäscherei abgegeben und abends mit Florian ein einheimisches Restaurant besucht. Mein erster Gedanke: Das wird ein Reinfall. Ich bekam nämlich einen mickrigen Löffel voll undefinierbarem Zeug auf einem Bananenblatt serviert. Wollt ihr mich verarschen, Jungs? Damit fülle ich gerade mal eine Zahnlücke. Ich hab mich vorsichtshalber nicht beschwert, mein Malaysisch ist ohnehin ein bisschen eingerostet. War auch ganz gut so, denn die haben gar nicht mehr aufgehört, kleine Häufchen auf das Bananenblatt zu klatschen, sodass wir mit essen gar nicht mehr nachgekommen sind. Mit Nachtisch und zwei Tiger Beer waren am Ende knapp vier Euro fällig. Ach ja, die Wäsche musste noch abgeholt werden: 1,50 Euro, dafür war alles akkurat gebügelt und zusammengefaltet, sogar die Unterwäsche – das müsste nun wirklich nicht sein.

Zwischen den Cameron Highlands und meinem nächsten Ziel Bangkok lagen gut 1.000 Kilometer. Um die zu bewältigen, habe ich mich mal wieder für eine längere Zugfahrt entschieden. Ich kann dir sagen: Die 23 Stunden in einem überfüllten und schlecht klimatisierten Zug waren kein Zuckerschlecken.

Es gibt da wohl so eine Art Naturgesetz: Wenn ich beispielsweise in einem Flugzeug sitze, ist der Typ vor mir der einzige, der die Lehne bis zum Anschlag nach hinten klappt. Der Mensch rechts neben mir will einen neuen Weltrekord im Langzeitkotzen aufstellen, und auf der linken Seite sitzt einer, der trotz hervorragendem Bordservice an allem herumnörgelt. Wie gerne würde ich ihm sagen, was für ein Idiot er ist, denn das weiß er bestimmt noch nicht.

Dieses Naturgesetz galt natürlich auch bei dieser Zugfahrt. Und für den anschließenden Flug von Bangkok nach Dubai. Ach so, Bangkok. Darüber kann ich dir leider nichts erzählen. Ich hatte mir eine dicke Grippe eingefangen und die meiste Zeit meiner drei Tage in Bangkok im Hotelzimmer verbracht. Pech.

In Dubai erwarteten mich 46 Grad im Schatten. Zum Glück gab es gleich einen Kälteeinbruch, der die Temperatur auf einigermaßen erträgliche 36 Grad senkte.

Untergekommen bin ich bei Richard, den ich über die Traveller-Site »Horizons Unlimited« kennen gelernt habe. Richard ist ein motorradverrückter Engländer. In seinem schicken Haus am Stadtrand wohnen neben seiner Mutter Molly und seiner chinesischen Frau Shijing noch zwei Harleys, die im Wohnzimmer stehen. Mit seiner BMW-Enduro fährt er jeden Tag auf die Ölfelder zum Arbeiten.

Da Richard nachts arbeitet und die Ankunft der GS noch auf sich warten ließ, habe ich die beiden Damen des Hauses tagsüber für Stadterkundungen gepachtet. Dubai hat mir von Beginn an nicht gefallen, obwohl es eine Stadt der Superlative ist: Hier entsteht derzeit das höchste Gebäude der Welt, das »Burj al Arab« ist das weltweit einzige 7-Sterne-Hotel, dann gibt es noch das gigantische Bauprojekt »The Palm« – zwei künstliche Inseln, die in Form von Palmen vor der Küste Dubais aufgeschüttet werden. Auf den Inseln entstehen Einkaufszentren, exklusive Strandvillen und Luxushotels. Außerdem bietet Dubai Golfplätze und eine Indoor-Skihalle mitten in der Wüste – ökologischer Wahnsinn in einer der trockensten Regionen der Erde.

Hier dreht sich eben alles um das im Überfluss vorhandene Geld. Warum sollten die reichen Ölmultis Gedanken an den verantwortungslosen Umgang mit wertvollen Ressourcen verschwenden?

Irgendwann war es geschafft: Ich war wieder mit dem Motorrad unterwegs und nicht mehr angewiesen auf Taxifahrer und ihren lebensmüden Fahrstil, unpünktliche Busse und enge Flugzeugsitze. Es war allerdings ein hartes Stück Arbeit, an die GS zu kommen.

Gelagert war sie irgendwo im Hafen »Jebel Ali«, dem größten künstlichen Containerhafen der Welt, logistischer Drehscheibe im arabischen Golf sowie Mittelpunkt allen bürokratischen Wahnsinns. Bei sengender Hitze bin ich den ganzen Tag von A nach B gerannt, um Stempel XY oder sonst irgendetwas zu beantragen.

Zwischendurch war es nötig, das Motorrad beim Zoll zur Inspektion vorzuführen. Aber bitteschön: nicht selbst hinfahren. Das Motorrad darf nur in der geschlossenen Kiste vorgeführt werden. Also musste ich einen Lkw-Transport zum Zoll organisieren, wo ein Beamter lediglich prüfte, ob sich in der Kiste auch wirklich ein Motorrad befand. Ein Irrsinn.

Das Sahnehäubchen arabischer Bürokratie bekam ich dann zum Schluss serviert. Nach acht Stunden Behördenwahnsinn stand ich endlich mit zusammengebautem Motorrad und blanken Nerven am Hafenausgang. Doch dort hieß es, ich dürfe nicht einfach so durch das Tor fahren. Abzuholende Ware müsse den Hafen nämlich auf einem Lkw verlassen. Auf meinen ungläubigen Blick hin erklärte man mir, wie das funktioniere: Motorrad auf einen Lkw verladen, Hafentor passieren, Motorrad wieder abladen. Fertig.

Das war der Tropfen, der das Fass zum Überlaufen brachte. Du weißt ja: Wenn ruhige Menschen explodieren, dann aber richtig. Die Hafenfritzen waren von meinem englisch-schwäbischen Wutausbruch jedenfalls beeindruckt und ließen mich ohne Lkw passieren.

Herzliche Grüße vom inzwischen wieder ruhigen Bernd

**Von:** berndhaeusler@gmx.de
**Betreff:** Am Lagerfeuer der Beduinen
**Datum:** 13. Mai 2006
**An:** hans-on-the-road@gmx.de

Lieber Hans,

eine Woche im Oman liegt jetzt hinter mir, und gerade bin ich auf dem Sprung hinüber in den Iran. Aber der Reihe nach:

Eine Woche lang hatte ich in Dubai die außergewöhnliche Gastfreundschaft von Richards Familie genossen. Dann war ich aber doch sehr froh, diesen Moloch mit seinen Glaspalästen und seinem Verkehrschaos Richtung Oman zu verlassen. Die vierspurige Straße nach Osten verläuft durch flaches Wüstengebiet zu den Bergen des Hajar-Gebirges. Dort habe ich in dem kleinen Bergdorf Hatta übernachtet.

Wie schon oft in Dubai habe ich auch hier die etwas sonderbare Hilfsbereitschaft der Araber erlebt: Frage die Leute irgendetwas, und dir wird immer geholfen, auch wenn es den anderen viel Zeit und Mühe kostet. Das geschieht aber nie mit besonderer Freundlichkeit, eher scheint es etwas Selbstverständliches oder gar Lästiges zu sein.

So auch in Hatta, als ich beim Essen den Wirt des Restaurants nach einer Unterkunft im Ort gefragt habe. Er zeigte ohne große Worte auf sein Beduinenzelt neben der Gaststätte, in dem die ganze Familie vor dem Fernseher saß. Die haben mir ziemlich unwirsch eine Wasserpfeife hingestellt und sich ansonsten nicht mehr für mich interessiert. Sonderbar.

Später habe ich gelesen, dass bereits in den altarabischen Kulturen, lange vor Begründung des Islam, für Hausherren die Pflicht bestand, Durchreisende zu beherbergen. Vermutlich lässt sich damit die etwas ruppige Gastfreundschaft erklären.

Früh am nächsten Morgen bin ich mit einem flauen Gefühl im Magen Richtung omanische Grenze gefahren – die Erinnerung des Bürokratiewahnsinns in Dubai war mir noch in allzu frischer Erinnerung. Und tatsächlich – die omanischen Grenzbeamten haben mich nicht enttäuscht. Einreise auf einem Motorrad mit deutschem Kennzeichen – ein gefundenes Fressen. Wieder wurde ich mit Formularen zugemüllt. Als kleine zusätzliche Hürde diesmal in arabischer Schrift. Na bravo.

Wie konnte ich diese Jungs nur kleinkriegen? Wenn überhaupt, dann mit ihren eigenen bürokratischen Waffen. Also habe ich ihnen alle meine Unterlagen auf den Tisch geknallt, die halbwegs offiziell aussahen (inklusive Blutspendeausweis und neuseeländischem Bücherausweis) und feierlich erklärt, dass diese Dokumente mich dazu berechtigten, mit diesem Motorrad in alle Länder der Welt zu reisen.

Da ein Araber immer das Gesicht wahren muss, inspizierten drei Mann mit äußerst wichtiger Miene die unbekannten Unterlagen, ohne auch nur ein Wort davon zu verstehen. Nach zehn Minuten erklärten sie, die Unterlagen seien in Ordnung. Ich bekam einen Visumstempel in den Pass und wurde weggeschickt. Na also, geht doch.

Sydney ist zu unfreundlich, in Singapur ist die schwüle Hitze beinahe unerträglich, Kuala Lumpur ist zu dreckig, in Bangkok nervt die Aufdringlichkeit von Straßenhändlern und Taxifahrern, und in Dubai dreht sich alles nur um den schnöden Mammon. Ja, so ist er eben, der deutsche Tourist – immer was zu meckern. Doch halt, nicht immer: Muscat ist perfekt. Die Hauptstadt des Oman liegt landschaftlich wunderschön zwischen Bergen und dem Arabischen Golf. Alte Forts, traumhafte Strände, orientalische Märkte, prachtvolle Moscheen – es ist alles da. Vor allem aber hat sich Muscat bislang seinen arabischen Charakter bewahrt. Selbst neue Hotels sind im arabischen Stil mit Lehmfassaden, Bogenfenstern und reich verzierten Holzbalkonen gebaut.

Der Tourismus im Oman steckt in den Kinderschuhen und hat damit die traditionelle Lebensweise der Omanis noch nicht sehr verändert. Man kann zum Beispiel unbelästigt über die Märkte schlendern. Der Oman ist zudem als absolut sicher zu bezeichnen, was in Mitteleuropa kaum bekannt ist. Ich bin mir jedoch sicher, dass sich das bald ändern und der Touristenboom kommen wird. Die Omanis arbeiten mit Volldampf daran.

Was sie dafür so alles tun, habe ich aus erster Hand erfahren. Über Kontakte in Neuseeland bekam ich eine Einladung von Scheich Sayyid Bin Nasser. Als ehemaliges Regierungsmitglied ist der Scheich jetzt verantwortlich für den Tourismus im Land. Er wollte den »crazy German« kennen lernen, der mit seinem deutschen Motorrad in den Oman kam.

Du kannst mir glauben: Nach dem Besuch beim Scheich weiß ich endlich, wie es sich anfühlt, wichtig zu sein. Mehrfach haben Angestellte des Scheichs bei mir im Hotel angerufen, nur um nachzufragen, ob das Hotel in Ordnung sei. Das Angebot, mich mit einer dicken Limousine abzuholen, habe ich dankend abgelehnt – ich bevorzugte die GS. Beim Scheich war es dann wie bei einem Staatsempfang. Nach einem Fototermin in der Empfangshalle seines Dienstgebäudes haben wir uns in sein repräsentatives Büro zurückgezogen, um wichtigtuerisch über die Zukunft des Tourismus im Land zu reden. Nach einer Stunde Smalltalk bin ich voll bepackt mit Buchgeschenken und einem Füllfederhalter aus Platin als nun offizieller Freund des Sultanats Oman entlassen worden. Danach hat sich der offizielle Freund des Sultanats Oman noch ein wenig die Umgebung von Muscat angesehen.

Die Küstengegend bei Muscat ist um diese Jahreszeit brütend heiß. Temperaturen bis knapp an die 50-Grad-Marke lassen Saunagefühle aufkommen. Beim Motorradfahren bleiben da nur zwei Möglichkeiten: Erstens: Fahren in voller Schutzbekleidung und dabei einen langsamen, aber sicheren Tod sterben. Zweitens: Nur im T-Shirt fahren und das Risiko schwerer Verletzungen bei einem Sturz in Kauf nehmen. Ich habe mich für Variante 2 entschieden.

Der Oman ist ein Land, das sich bis vor wenigen Jahren noch stark vom Rest der Welt abgeschottet hat und den Einmarsch feindlich gesinnter Invasoren befürchtete. Vernünftige Landkarten sind deshalb auch heute noch nicht zu bekommen. Und so habe ich mich auf der Weiterfahrt nach Süden kräftig in meinem Zeitplan verschätzt, weil die Straße in der Karte eigentlich wie eine Straße aussah. Tatsächlich bin ich bis tief in die Nacht üble Sand- und Geröllpisten entlanggeschlichen.

Das hat mich überraschenderweise nicht im Geringsten gestört. Ganz im Gegenteil – diese Fahrt gehört in die Kategorie »Reiseerlebnisse, die man nie vergisst«. Das Besondere an dieser Strecke war allerdings nichts, was sich in Bildern einfangen ließe. Mich hat die faszinierende, fast schon gespenstische Atmosphäre dieser unfreiwilligen Nachtfahrt vollkommen ergriffen: Links das Meer, rechts die Berge und dazwischen nur die GS und ich auf einer holprigen Piste fernab jeglicher Zivilisation. Ich hätte irgendwo das Zelt aufschlagen können, um zu schlafen. Aber das wollte ich nicht. Ich wollte weiter das gruselige Gefühl genießen, der einzige Mensch auf der Welt zu sein. Ich wollte weiter völlig entrückt durch die Nacht fahren.

Einige Stunden später tauchten kleine Dörfer auf. Jetzt war ich zwar nicht mehr allein auf der Welt, aber wohl um mindestens 100 Jahre in der Zeit zurückversetzt. So kam es mir bei der Fahrt durch die verwinkelten Gassen, zwischen Häusern in Lehmziegelbauweise, zumindest vor. Für die Menschen hier schien ich wohl auch aus einer anderen Zeit zu kommen. In einem einfachen Lokal habe ich einen Mitternachtssnack eingenommen. Wo vorher noch lautes Stimmengewirr und Gelächter war, herrschte plötzlich gespenstische Ruhe. Eine ganze Meute von Männern in ihren traditionellen knöchellangen Gewändern, den »Dishdashas«, hat mich schweigend beim Essen beobachtet.

Mein Ziel war der Strand bei Ras al Jinz, an dem Meeresschildkröten bei Sonnenaufgang aus dem Wasser steigen, um Eier abzulegen. In der Hochsaison ist das ein etwas trauriges Schauspiel, weil Ranger die Schildkröten so lange am Strand aufhalten, bis auch der letzte Tourist sein Foto geschossen hat. Nach ein paar Stunden Schlaf war ich bei Sonnenaufgang zwar ganz allein am Strand – aber auch ohne Schildkröten. Die hatten heute wohl keine Lust zum Eierlegen. Also auf zum nächsten Ziel, den Wahibi Sands.

Verglichen mit anderen riesigen Sandwüsten auf der arabischen Halbinsel sind die Wahibi Sands ein eher überschaubarer Sandkasten. Auf 250 Kilometer Länge und 80 Kilometer Breite erstrecken sich orangegelbe Dünenfelder aus puderzuckerfeinem Sand.

Dort konnte ich zur Belustigung der Einheimischen beitragen: Eine nomadisch lebende Beduinenfamilie hat mich beobachtet, wie ich mich mit dem schweren Bike durch den Sand quälte. Die haben sich köstlich amüsiert. Schließlich zeigten sie Erbarmen und luden mich ein, die Nacht bei ihnen zu verbringen.

Die Beduinenkids waren hellauf begeistert von mir und haben mich den Rest vom Tag in Beschlag genommen. Die Aufforderung, auf eines ihrer Kamele zu steigen, habe ich verweigert. Bin ja nicht lebensmüde. Diese liebenswerten Kerle brauchen nicht viel, um glücklich zu sein. Wir waren stundenlang voller Ausgelassenheit damit beschäftigt, alte Autoreifen die Dünen hochzuschleppen und sie wieder herunterzurollen. Der älteste der Jungs sprach zum Glück ein paar Brocken Englisch. Mit ihm habe ich, auf einer hohen Düne sitzend, den phantastischen Sonnenuntergang in der Wüste genossen.

Zur erneuten Belustigung aller hat mich das Familienoberhaupt zum Abendessen in eine prachtvolle Dishdasha gesteckt und mir einen Turban aufgesetzt.

Da saß ich nun bis spät in die Nacht im Kreis der Beduinen im Wüstensand um einen riesigen Kochtopf herum und war völlig eins mit dieser fremdartigen Welt. Es gab in diesem Moment weder Sorgen um die Zukunft noch Gedanken an die Vergangenheit, nur das Hier und Jetzt zählte.

Fasziniert habe ich den lebhaften Gesprächen gelauscht, ohne auch nur ein einziges Wort zu verstehen. Beim Essen hielt ich mich vornehm zurück und bediente mich fast ausschließlich vom leckeren Fladenbrot. Denn was in dem Topf so alles herumschwamm, sah nicht wirklich appetitanregend aus. Irgendwann legten sich die Kids zum Schlafen einfach um das Feuer herum in den Sand. Mir wurde das Kleiderzelt der Familie als Schlafplatz zugewiesen.

Nach einer herzlichen Verabschiedung am nächsten Tag machte ich mich auf zum nächsten Reiseziel auf 3.009 Meter Höhe – zum Gipfel des Jebel Shams, dem höchsten Berg des Oman. Ich wollte mit der BMW unbedingt einmal über 3.000 Meter hinaus, und hier bot sich die Gelegenheit dazu. Weil auf dem Gipfel eine militärisch genutzte Sendeanlage steht, führt eine gut zu fahrende Schotterpiste bis ganz hinauf. 200 Meter unterhalb des Gipfels war dann aber leider Schluss. Die dort stationierten Soldaten wollten mich nicht weiterlassen.

Die Fahrt zum Jebel Shams hat sich trotzdem gelohnt, weil ich in der Nähe zufällig wieder auf Bernhard gestoßen bin. Bernhard ist Österreicher und leitet im Oman eine Tourismusschule. Auf Vermittlung von

Scheich Sayyid hatte ich ihn schon im Muscat kennen gelernt. Bernhard hat mir von einer landschaftlichen Besonderheit in der Nähe erzählt – einer gewaltige Schlucht, die zurecht den Namen »Grand Canyon des Oman« trägt. Am Rande eines Plateaus brechen die Felsen senkrecht zu einem 1.000 Meter tiefer gelegenen Trockenflusstal ab. Es war schaurig schön, mit dem Motorrad auf überhängende Felsen hinauszufahren und zu beiden Seiten und vor mir nur den gewaltigen Abgrund zu sehen.

Nach einer Übernachtung in dem von Palmenhainen und grünen Gärten umgebenen Oasenort Nizwa bin ich einer weiteren Empfehlung von Bernhard gefolgt: Der Piste zum Wadi Bani Awf, eine der schönsten Offroadstrecken im Oman. Wadis sind Trockentäler in Wüstengebieten, die nur nach starken Regenfällen Wasser führen.

Der Haken an der Sache: Der Weg zum Wadi Bani Awf führt über eine extrem steile Bergstrecke, die Bernhard mit seiner leichten, aus Österreich mitgebrachten KTM locker bewältigt. Auf der GS bin ich jedoch an meine Grenzen gestoßen. In den Steilpassagen bin ich mit dem voll bepackten, schweren Motorrad mehr über das grobe Geröll gerutscht als gefahren. An einem besonders steilen Stück hatte ich das Bike nicht mehr unter Kontrolle und bin unaufhaltsam in Richtung eines Steilabhangs gerutscht. Nur ein absichtlicher Sturz hat mich davor bewahrt, mit der GS in den Tiefen des Abgrunds zu verschwinden. Glück gehabt! Mit einem abgerissenen Blinker und einem gebrochenen Steg der Frontscheibenhalterung ist die Sache auch für die GS glimpflich ausgegangen. Danach hatte ich verdammt viel Schiss, dass ich es nicht schaffen würde, die Maschine wieder heil aus den Bergen herauszubekommen. Irgendwie habe ich mich aber doch bis zum Wadi durchgequält. Als ich endlich wieder Asphalt unter den Rädern hatte, war ich völlig erschöpft und doch stolz, diese Piste besiegt zu haben.

Es war jetzt allerhöchste Zeit, den Oman zu verlassen. Dieses Land bot mir eine solche Fülle an faszinierenden Erlebnissen – da bestand langsam die Gefahr, dass es Neuseeland den Rang als mein »favourite Reiseland« ablaufen würde. Und das geht ja nun gar nicht.

Zurück in Dubai, habe ich nochmals eine Nacht bei Richard verbracht und bei ihm die Schäden an der GS notdürftig repariert.

Bis bald im Iran, Bernd


**Von:** berndhaeusler@gmx.de
**Betreff:** Allah und der iranische Verkehr
**Datum:** 18. Mai 2006
**An:** hans-on-the-road@gmx.de

---

Lieber Hans,

vorletzter Tag im Iran. Morgen geht es Richtung Türkei. Was ist seitdem passiert?

Wider Erwarten brachte mich vor knapp einer Woche ein schwimmender Rosthaufen namens »Iran Hormuz 12« sicher über die Straße von Hormuz nach Bandar Abbas. Die ersten Eindrücke im Iran waren gut. Die Einreiseformalitäten gerieten zwar auch wieder zum mehrstündigen Papierkrieg, aber freundliche und hilfsbereite Perser haben die Sache ungemein erleichtert. Alles geschah in einer sehr relaxten Atmosphäre mit vielen Tassen Tee in den Wartezeiten. Mehrere englischsprechende Iraner erklärten mir, sie fühlten sich geehrt, dass ich ihr Land bereise. Das war kein schlechter Anfang in einem Land, das in den westlichen Medien als Schurkenstaat verteufelt wird.

Das wirklich Gefährliche im Iran ist der Verkehr. Für einen Durchschnitts-Iraner gibt es keinen Grund, nicht halsbrecherisch und mit völlig irrem Fahrstil in alten Vehikeln die Straßen unsicher zu machen. Dem von Allah vorbestimmten Schicksal kann man ohnehin nicht entrinnen. Ich habe dies »Fahren nach dem Insch' Allah-Prinzip« getauft.

Und so erlebte ich auf den gut ausgebauten Fernstraßen in eintöniger Landschaft Szenen, bei denen dem gemeinen Mitteleuropäer der Angstschweiß ausbricht. Außerhalb der Städte gibt es viel Lkw-Verkehr, vorzugsweise mit museumsreifen Mercedes-Lastwagen. Und die überholen, was das Zeug hält – ein entgegenkommendes Motorrad interessiert da nicht. Die Fahrer gehen zuversichtlich davon aus, dass ich bei Tempo 100 auf den nicht asphaltierten Seitenstreifen ausweiche. Und während ich bei solchen Szenen panisch hupe und nach Ausweichmöglichkeiten suche, kann es passieren, dass mich zusätzlich ein klappriges Auto überholt. Die gut gelaunten Insassen winken mir fröhlich zu, und der lebensmüde Fahrer zwängt sich keine zehn Meter vor dem entgegenkommenden Truck wieder auf die rechte Spur.

In den Städten fühlte ich mich wie ein Zirkustier – alle starrten mich an. Hubraumstarke Motorräder gibt es im Iran nicht. Alles war deshalb fasziniert von der mächtigen BMW. Nicht selten verfolgten mich vollbesetzte Autos durch die ganze Stadt, damit auch wirklich jeder inklusive der Oma auf dem Rücksitz alles von dem Fremdling in seinen seltsamen Klamotten gesehen hat.

Ständig wurde ich von den Mopeds der örtlichen Jugend umschwärmt. Es war unangenehm, wenn sie kilometerlang neben mir herfuhren, nur um mich anzustarren. Die ganz Mutigen zeigten ihren Kumpels, wie mutig sie sind, indem sie mir dicht vor der Nase herumfuhren.

Sobald ich anhielt, versammelte sich sofort eine Menschenmenge. Ständig wurde ich nach dem Preis des Motorrades gefragt. Wenn jemand mit einer solchen Maschine bis in den Iran reist, muss er unermesslich reich sein, und im Vergleich mit diesen Menschen bin ich es ja auch. Vor diesem Hintergrund fühlte ich mich bei dem Rummel um meine Person äußerst unwohl. Auf dem Weg nach Norden habe ich deshalb nur zum Essen und Tanken in den Städten gehalten. Abends suchte ich mir ruhige Plätzchen außerhalb der Städte, um wild zu campen.

Es gibt auch Positives zum Verkehr im Iran zu sagen – das Tanken. Das erinnert mich irgendwie an Sex. Das Vorspiel: Man fährt langsam auf die Tankstelle zu, die Erregung steigt. Der Hauptakt: Man steckt den Rüssel in den Tank und füllt mit gleichmäßigem, sanftem Druck. Der Höhepunkt: Die Rechnung. 1,50 Euro, und der GS-Tank ist voll. Das sind pro Liter ungefähr sieben Cent. Die Erregung flacht ab, die Zigarette danach muss leider entfallen, da zu gefährlich. Bei diesen Preisen nehmen es die Leute nicht so genau, deshalb steht man an den Tankstellen tief in verschüttetem Benzin.

Wir machen Urlaub in Spanien, Italien oder Griechenland und denken: »Die fahren da wie die Bekloppten. Aber irgendwie scheint es zu funktionieren.« Man hat zumindest nicht das Gefühl, dass sehr viel mehr passiert als auf unseren Straßen. Im Iran ist das anders. Der Fahrstil der Iraner ist so durchgeknallt, dass er sich gewaltig auf die Unfallzahlen niederschlägt. Auf meinen 2.500 Kilometer Fahrt durch das Land bin ich Zeuge mehrerer schwerer Unfälle gewesen. Unzählige Auto- und Lkw-Wracks säumen die Straßen. Und wenn es kracht, dann kracht es meistens richtig, weil in den klapprigen Autos oft so viele Menschen sitzen wie nur irgendwie reinpassen. Da war ich all die Zeit wegen des schwelenden Atomstreits zwischen dem Iran und den USA besorgt, dabei lauert die wahre Gefahr auf den Straßen.

Während ich dir diese Zeilen schreibe, bin ich im sagenumwobenen Esfahan und gönne mir gerade ein paar Tage Fahrpause in einer beliebten Travellerherberge. Es gibt viel zu sehen in der Millionenmetropole. 2.500 Jahre Stadtgeschichte haben beeindruckende Bauwerke hervorgebracht. Esfahan gehört zu den sieben bedeutendsten Kulturstädten weltweit.

Insch' Allah, Bernd


**Von:** berndhaeusler@gmx.de
**Betreff:** Besuch bei Noah
**Datum:** 28. Mai 2006
**An:** hans-on-the-road@gmx.de

---

Lieber Hans,

Antalya heißt mein derzeitiger Aufenthaltsort. Bei der Einreise in die Türkei habe ich meine »Oman-Taktik« erneut erfolgreich angewendet. Ich hatte keine Lust, die geforderte völlig überteuerte Motorradhaftpflichtversicherung an der Grenze abzuschließen. Mein Blutspendeausweis musste diesmal also als »weltweit gültiges Versicherungsdokument« herhalten.

Kurz nach der Grenze habe ich in dem trostlosen Bergsteigerort Dogubayazit Quartier bezogen. Dogubayazit liegt am Fuße des Ararat, mit 5.157 Metern höchster Berg der Türkei, von den Türken ehrfurchtsvoll »Agri Dagi«, Schmerzensberg, genannt. Als bibelfester Mensch weiß ich natürlich, dass Noah mit seiner Arche auf dem Ararat gestrandet ist. Forscher aus aller Welt haben bislang erfolglos nach Hinweisen auf die Arche Noahs gesucht. Bislang. Denn beim Spaziergang am Fuße des Ararat habe ich zufällig ein Beweisstück für die Existenz der Arche entdeckt – eine alte Holztafel mit einer schwer entzifferbaren Aufschrift: »Herr und Frau Krokodil, 2. Kabine links«.

Scherz beiseite und etwas ganz Anderes: Ein großes, schwer beladenes Motorrad – damit erregt man in vielen Ländern Aufmerksamkeit. Interessant ist, wie unterschiedlich die Menschen in den verschiedenen Ländern darauf reagieren.

Der Kiwi:
Offen, freundlich und unbefangen. Kann mit dem Motorrad nicht beeindruckt werden. Will mit dir über Europa quatschen, denn jeder anständige Kiwi hat in jungen Jahren mindestens ein paar Monate dort verbracht.

Der Araber (Emirate):
Der Durchschnittsaraber aus den Emiraten stinkt vor Geld, und das verdirbt bekanntlich den Charakter. Menschen anderer Nationen sind im Land nur als Arbeitssklaven geduldet und werden (auch auf dem Motorrad) nicht weiter beachtet. Nur einmal interessierte sich einer der schwer reichen Scheichs für meine Herkunft. Selbstverständlich ließ er sich nicht dazu herab,

mich selbst zu fragen. In Dubai im Stau stehend, ging neben mir die abgedunkelte Fahrerscheibe einer Luxuskarosse herunter. Der Chauffeur rief mir zu, sein Chef wolle wissen, woher ich komme und wohin ich fahre.

Der Araber (Oman):
Die Erwachsenen sind stolze Menschen und lassen sich deshalb nicht herab, einen Fremdling auf dem Motorrad anzustarren. Den omanischen Kids ist eine solche Zurückhaltung völlig fremd. Mit leuchtenden Augen bewundern sie das Motorrad und sind dabei immer ausgesprochen höflich. Lässt man mal einen auf das Motorrad klettern, dann ist sein Glück perfekt. Diese liebenswerten Kerle muss man einfach ins Herz schließen.

Der Iraner:
Dem Iraner liegt nichts daran, cool und abweisend zu sein. Jung und Alt stürzt sich voller Begeisterung auf das Motorrad, man ist ständig umzingelt.

Der Türke:
Siehe Iran in abgemilderter Form, allerdings mit dem Zusatz, dass hier mit den Händen geguckt wird. Der Türke untersucht und betatscht das Motorrad genauestens und erklärt seinen Kumpels mit coolem Kennerblick, was wie funktioniert.

Der Deutsche:
Diese Spezies begegnet mir in der Türkei häufiger. Schon mehrfach ist mir passiert, dass zwei Deutsche

neben mir und der GS stehen und dabei über mich reden, als ob ich gar nicht da wäre: »Guck mol Karl-Heinz, der kommt aus Ulm. Glaubsch, der isch da ganza Weag hergfahra?«

Im Osten der Türkei gibt es viel Sehenswertes. Zum Beispiel den Ishak Pasa Palast, die einzigartige Palastburg auf einer Felsnase über der Hochebene von Dogubayazit mit phantastischer Aussicht auf den verschneiten Ararat. Oder den Van See, das Meer des Ostens, siebenmal größer als der Bodensee und von beeindruckenden Bergen umgeben. Oder das orientalische Gewusel in der Kurdenhauptstadt Diyarbakir. Ich habe meine Touristenpflicht aber nur unzureichend erfüllt und die Top-Sights in Anatolien im Schnelldurchgang abgehakt. Ich hatte schließlich ein wichtiges Date an der türkischen Riviera: In Antalya stand Teil eins der Familienzusammenführung auf dem Programm. Meine Schwester urlaubt dort gerade mit Familie und zwei Freundinnen.

Mit dem Wissen, dass mich liebe Menschen in einem All-Inclusive-Luxushotel erwarteten, hat mich nichts mehr gehalten. Ich bin tagelang von frühmorgens bis spätabends Richtung Westen gefahren und habe jeden Kilometer dieser langen Fahrtage genossen, auch wenn die gut ausgebauten Fernstraßen nicht gerade ein fahrerischer Leckerbissen sind.

Die Symbiose von stimmungsvoller Musik aus dem Walkman, der Kulisse der anatolischen Gebirgslandschaften am Horizont und die Erinnerung an die Erlebnisse der vergangenen Monate haben mich bei der Fahrt auf den verkehrsarmen Straßen völlig entspannen lassen und eine fast schon meditative Stimmung erzeugt. Das leise Surren des GS-Motors verband sich mit der Vorfreude auf mir wertvolle Menschen zu einem leisen Hochgefühl.

Nur eine erneute schwere Grippe hat es geschafft, meinen Drang nach Westen etwas abzubremsen. Ich habe sie ein paar Tage lang auf einem schön gelegenen Campingplatz in der Bergregion des Nemrut Dagi auskuriert. Von morgens bis abends bin ich in der Hängematte gelegen und habe literweise Tee getrunken. Den Grippeviren hat das wohl genauso gut gefallen wie mir – sie sind hartnäckig geblieben. Trotz Grippe und Fieber wollte ich das tun, was alle Touristen hier machen: Zum Sonnenuntergang auf den Nemrut Dagi fahren und die untergehende Sonne bei einem Gläschen Rotwein bewundern. Auf den Berg führt sieben Kilometer lang eine üble Straße aus Kopfsteinpflaster. Die strapaziöse Fahrt über diese Holperpiste lohnt sich aber allein schon wegen des sagenhaften Ausblicks auf das Tal des Euphrat. Weitere Attraktion sind die Steinfiguren kurz unterhalb des Gipfels, die als Nationalsymbol der Türkei gelten.

Die folgenden Tagesetappen habe ich krankheitsbedingt etwas kürzer geplant. Als ich bei der hässlichen Industriemetropole Mersin aber auf die kurvige Mittelmeerküstenstraße Richtung Antalya eingebogen bin, hat mich nichts mehr gehalten. Ausgelassene Wiedersehensfreude und Partystimmung waren nur noch 500 Kilometer entfernt.

Am Morgen des nächsten Tages, kurz vor dem großen Moment, habe ich mich in ergriffener Stimmung an den Hafen des Touristenortes Side gesetzt und die Heerscharen von Urlaubern beobachtet, die gut gelaunt große Ausflugsboote bestiegen oder an der schönen Hafenpromenade entlangschlenderten. Warum hat mich von diesen unverschämten Personen keine einzige beachtet? Ich hatte das Gefühl, dass mir meine aufgekratzte Stimmung aus jeder Pore drang und dies eigentlich jeder bemerken müsste.

Warum einen sicheren Job aufgeben, um nach Neuseeland zu gehen? Ich bin schon oft danach gefragt worden, und es gibt viele Antworten darauf. Jetzt ist eine verdammte gute dazugekommen: Alleine dieser eine kleine Moment des Wiedersehens nach so langer Zeit mit nahestehenden Menschen machte es lohnenswert, diese Reise zu unternehmen.

Die Freude war überwältigend. Statt spartanischem Wildcamping und kargem Essen habe ich nun vier Tage lang im Luxus geschwelgt: Frühaufsteherfrühstück, Frühstück für Normalaufsteher, Brunch, Mittagessen, Snacks zur Kaffeezeit, Abendessen und Mitternachtssnack – unglaublich, man konnte sich hier fast rund um die Uhr durchfuttern und das alles einschließlich Getränken im Preis inbegriffen.

»Hey Jungs, ich schmeiß noch mal ne Runde!« In solchen All-Inclusive-Luxusschuppen gehört dieser Spruch wohl zu den ältesten Gags, über die keiner mehr lacht. Das war mir aber völlig egal. Überschwenglich hab ich ihn trotzdem immer wieder gebracht und auch fleißig Runden geschmissen.

Grüße von der Stätte des Überflusses, Bernd


**Von:** berndhaeusler@gmx.de
**Betreff:** Zurück in Europa
**Datum:** 3. Juni 2006
**An:** hans-on-the-road@gmx.de

---

Lieber Hans,

nach vier Tagen im Schlaraffenland bin ich gut gemästet zur Weiterreise aufgebrochen und befinde mich nun in Villach in Österreich. Die Luft war raus. Ich wollte auf dem schnellsten Weg in die Heimat: Zurück zu Johanna, zurück zum Rest der Familie, zurück zu Freunden – Heimweh nennt man das wohl.

Durch Griechenland zu fahren und dann eine Fähre nach Italien zu nehmen, wäre die bequemste Reiseroute gewesen. Die Griechen sind aber ein stolzes Volk. Die interessieren sich nicht für fernreisende Motorradtouristen. Nach all der Aufmerksamkeit, die mir in anderen Ländern zuteil wurde, wäre die sträfliche Missachtung meiner Person aber nicht gut für mein Ego gewesen. Ich habe mich deshalb entschlossen, über den Balkan auf dem Landweg zu fahren.

Wieder nach Europa zu kommen, hat mich nicht unbedingt zu Tränen gerührt, und ich bin auch nicht auf die Knie gesunken, um ehrfurchtsvoll den Boden zu küssen. Ich bin in Istanbul einfach über den Bosporus gefahren. Hinter der imposanten Europabrücke steht ein Schild »Welcome to Europe«, das war's.

Froh war ich bei dem Gedanken an unproblematische Grenzübergänge in Europa. Aber da habe ich die Rechnung ohne die bulgarischen Zöllnerinnen gemacht. Die überschütteten mich zwar nicht mit unnötigem Papierkram, straften mich aber mit altsozialistischer Arbeitsunlust. Zwei Mal bin ich mehr als eine Stunde lang an einem Schalter angestanden. Beide Male haben sich gelangweilte Zöllnerinnen genau in dem Moment wortlos zur Mittagspause verabschiedet, in dem ich endlich drangewesen wäre. Nach einer weiteren Stunde Schlange am dritten Schalter habe ich den begehrten Einreisestempel endlich bekommen.

Oh Mann, da war ich schon negativ auf das Land eingestimmt, bevor ich überhaupt eingereist war. Ich bin dann auch flott durch Bulgarien durchgefahren und bei Ruse über die Donau (diesmal völlig unproblematisch) nach Rumänien eingereist. In der Nähe von Bukarest bin ich noch einmal auf einen sehr interessanten Menschen getroffen – den Südkoreaner Chang. Der ist dabei, mit seinem mundgesteuerten Rollstuhl die Welt zu umrunden. Er wirbt damit für die Wiedervereinigung zwischen Nord- und Südkorea und befindet sich jetzt auf dem Weg von Athen nach Berlin.

Warum hast du mir eigentlich nicht geschrieben, dass in Mitteleuropa noch strenger Winter herrscht? Bei strömendem Regen und eisigen Temperaturen habe ich mir in Ungarn beinahe wichtige Körperteile abgefroren. Nach solchen Tagen verschwendete ich keinen Gedanken daran, im Zelt zu schlafen. In der ungarischen Provinz, in Baja, habe ich mir deshalb ein ordentliches Hotelzimmer gegönnt. Am nächsten Tag bin ich in einem Rutsch durch Kroatien und Slowenien nach Kärnten gefahren.

Tja, und da sitze ich jetzt und schreibe dir meine letzte E-Mail. Das war's dann auch fast – heute ist mein letzter Tag im Ausland. Den Abend werde ich mit Silvia, die mir den Kontakt zu Ollie und Margie von der Pferdefarm in Neuseeland vermittelt hat, und ihrem Mann Peter verbringen. Morgen werde ich dann in aller Frühe Richtung Deutschland aufbrechen und um die Mittagszeit kurz bei euch vorbeikommen. Schließlich will ich meinen Pflichten als dein baldiger Trauzeuge nachkommen und überprüfen, ob du deine Karin noch gut behandelst. Dann geht's weiter zu Johanna und mit ihr zusammen als Überraschungsgast zum 60. Geburtstag meiner Mutter.

Dann bis morgen, Heimkehrer-Bernd

# Nachwort

Kempten, 16. Dezember 2006

Bin ich wirklich schon ein halbes Jahr zurück in Deutschland? Im Trubel der Wiedersehensfreude mit Freunden und Bekannten ist die Zeit wie im Flug vergangen.

Viele Langzeitreisende berichten von erheblichen Schwierigkeiten bei der Wiedereingliederung in den deutschen Alltag. Ich hatte solche Probleme nicht. Wohl auch, weil ich den Zeitpunkt meiner Rückkehr unbewusst gut gelegt hatte. Es war die Zeit des deutschen Fußball-Sommermärchens. Fröhliche, feiernde Menschen überall und ich mittendrin in besonders ausgelassener Stimmung.

Einen kurzzeitigen Durchhänger hatte ich nur nach dem beruflich bedingten Umzug ins Allgäu und dem Start ins Berufsleben. War es wirklich gut, wieder als Schreibtischtäter zu arbeiten? War es nicht ein Schritt zurück in dieses alte Leben, vor dem ich nach Neuseeland geflüchtet war? Nein, lautet die positive Erkenntnis, denn hinter dem Schreibtisch sitzt jetzt ein anderer Mensch.

Ich lebe jetzt bewusster und intensiver. Mein Leben ist »entschleunigt« – ich genieße es, so oft wie möglich, die sieben Kilometer lange Strecke ins Büro zu Fuß zu gehen. Eine Stunde Fußmarsch mit Blick auf die großartige Kulisse der Allgäuer Bergwelt ist das perfekte Mittel, um ausgeglichen und gut gelaunt in den Arbeitstag zu starten. Bewusster leben heißt auch, dass ich meine eigenen Bedürfnisse und Wünsche mehr respektiere als früher. Tätigkeiten oder Kontakte zu Menschen, die mir nicht zusagen oder mir nichts geben, lehne ich ab – ich bin damit ehrlicher zu mir selber.

»Wie es Leute gibt, die Bücher wirklich studieren, und andere, die sie nur durchblättern, gibt es Reisende, die es mit Ländern ebenso machen: Sie studieren sie nicht, sondern blättern sie nur durch.« Der 1728 geborene italienische Wirtschaftsgelehrte und Literat Ferdinando Galiani sagte diesen Satz. Ich habe Neuseeland studiert und bin vollständig in das Leben der Kiwis eingetaucht.

Urlaube mit der Zielsetzung, möglichst viel in möglichst kurzer Zeit zu sehen, mag ich jetzt nicht mehr. Auch für Urlaubsreisen gilt: Der Kontakt zu Menschen ist am Wichtigsten und kann nur intensiv sein, wenn ich auch mal ein paar Tage am selben Ort bleibe.

Mein Hang zu Ruhe und innerer Einkehr hat sich verstärkt. Nach Phasen täglicher Treffen mit Freunden und viel Geselligkeit gönne ich mir jetzt regelmäßig Auszeiten. Dann wandere ich ein Wochenende alleine in den Allgäuer Alpen von Hütte zu Hütte, um die Gedanken zu sortieren.

Ich lebe ausgeglichener und bin zu einem wahren Entspannungskünstler mutiert. Ärger im Straßenverkehr über Staus, Baustellen oder andere Verkehrsteilnehmer kenne ich nicht mehr, weil ich mir das »Insch' Allah-Prinzip« angewöhnt habe. Das bedeutet nicht, dass ich den verrückten Fahrstil der Iraner angenommen habe, sondern die Erkenntnis, dass es sinnlos ist, sich über Dinge zu ärgern, die man nicht ändern kann. Der Stau, in dem ich stehe, die kilometerlange Umleitung, die zu fahren ist, sind eben Allahs Wille oder mein Schicksal oder wie auch immer man es nennen mag – jedenfalls unabänderlich und deshalb unsinnig, sich darüber zu ärgern.

Zur Ausgeglichenheit gehört auch mehr Toleranz und die Gabe, Menschen so zu akzeptieren, wie sie sind, denn man kann andere Menschen nicht ändern, nur sich selbst.

All die Menschen, die mir unterwegs mit so viel Herzlichkeit und Gastfreundlichkeit begegnet sind, haben mich Wichtiges gelehrt: Das Geheimnis des Glücks liegt nicht im Besitz, sondern im Geben. Wer andere glücklich macht, ist selbst glücklich.

# Bernd Häusler

wurde 1973 in der Nähe von Ulm geboren. Dem gelernten Banker waren schon als 18-jährigem Führerscheinneuling die sonntäglichen Ausfahrten des örtlichen Motorradclubs zu kurz. Schnell entdeckte er seine Leidenschaft für ausgedehnte Motorradreisen, die ihn im Laufe der Jahre in fast alle Länder Europas und nach Nordafrika brachten. Seine erste große Langzeitreise führte ihn nach Neuseeland. Heute lebt und arbeitet Bernd Häusler im Allgäu, wo er gerne durchreisende Motorradfahrer beherbergt, um etwas von der in Neuseeland erlebten Gastfreundschaft zurückzugeben.

# ENJOY THE RIDE

## AUCH BEI HOHEN TEMPERATUREN

**Rukka AirPower Technologie**
APR AirVision für Herren & APR AirVision Lady für Damen

www.rukka.com
Tel. +49 (0) 40 551 1055

© 2007 L-Fashion Group Oy / Rukka

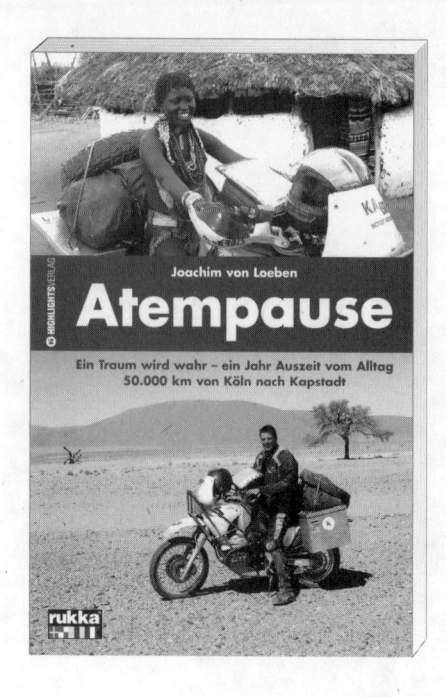

»Das Sympathische an dem Buch ist, dass es dem Autor, der bis zum Start seiner Afrikareise mit Motorrädern eher weniger am Hut hatte, gelingt, die Befindlichkeiten während eines solchen Unternehmens zu vermitteln, anstatt auf der Ebene reiner Strecken- und Faktenbeschreibung zu verharren. Das Buch ist eine Empfehlung für alle, die selbst mit dem Gedanken an eine längere ATEMPAUSE spielen, aber auch für diejenigen, die im Alltag nur mal kurz bei anregender Lektüre durchschnaufen wollen.«

Andreas Reimar
»mototraveller«

**Atempause**
50.000 Kilometer von Köln nach Kapstadt
Taschenbuchausgabe
200 Seiten, 35 Farbfotos .

www.highlights-verlag.de

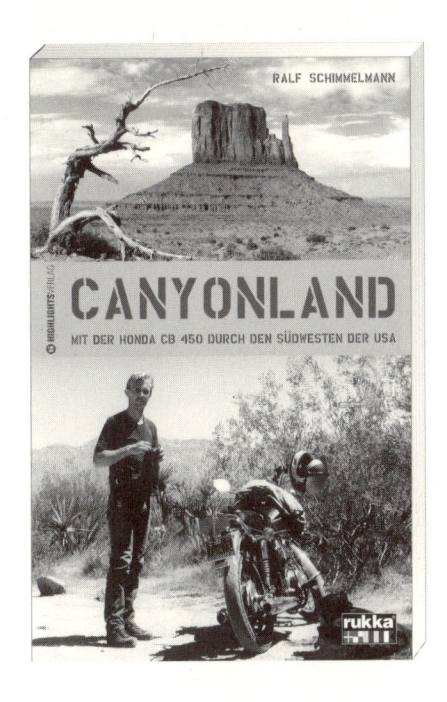

»Sie ist grün, die Honda CB 450, und er ist ein Motorradgreenhorn in Jeans und Schimanski-Jacke. Mit viel Humor und Einfühlungsvermögen beschreibt Ralf Schimmelmann in CANYONLAND seinen Weg vom Rookie zum Profi, den das Motorradreisen in seiner einfachen, aber doch unmittelbaren Form zutiefst beeindruckt und überzeugt hat. Dabei vermittelt er dem Leser einen tiefen Einblick in Natur, Geschichte und Kultur einer faszinierenden Region. Das Buch macht Laune auf die USA.«

Petra Gall
»Moto Sport Schweiz«

**Canyonland**
Mit der Honda CB 450 durch den Südwesten der USA
Taschenbuchausgabe
176 Seiten

www.highlights-verlag.de

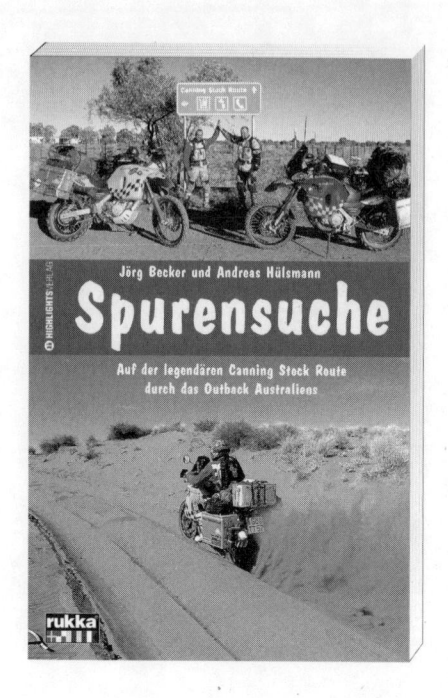

»Sie sind erfahrene Weltenbummler. Und mit der Erstbefahrung der Canning Stock Route im australischen Outback gingen Andreas Hülsmann und Co-Autor Jörg Becker an die Grenzen ihrer Belastbarkeit. In SPURENSUCHE beschreiben sie, was Motorradfahrer leisten können, wenn sie vor übergroßen Herausforderungen stehen. Das Buch steht in der Tradition der großen Reisereportagen, ist Zeile für Zeile ein Erlebnis, Seite für Seite ein Abenteuer.«

Frank Roedel
Chefredakteur »motorrad, reisen & sport«

**<u>Spurensuche</u>**
Auf der legendären Canning Stock Route durch das Outback Australiens
Taschenbuchausgabe
200 Seiten, 13 authentische Farbfotos

www.highlights-verlag.de

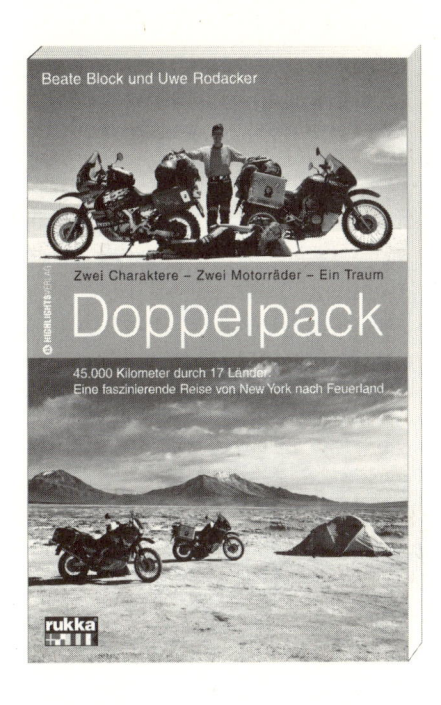

»Was bringt ein Paar dazu, die Sicherheit eines Lebens im behüteten Deutschland aufzugeben und gegen ein zwölfmonatiges Abenteuer einzutauschen? Die Neugier ist es. Die Neugier auf fremde Kulturen, andere Menschen, aber auch die Suche nach einem Sinn in diesem konsumorientierten Leben, das eben doch nicht alle Wünsche erfüllt. Den beiden Autoren ist ein eindrucksvolles Buch gelungen, das jeden in seinen Bann zieht, der mit seinem Partner im Doppelpack schon immer eine solche Reise unternehmen wollte.«

Sylva Harasim
»Highlights-Verlag«

**Doppelpack**
Eine faszinierende Reise von New York nach Feuerland
Taschenbuchausgabe
264 Seiten, 34 Farbfotos

www.highlights-verlag.de

»Auszeit nennt man wohl eine vom Trainer einberufene Pause im Basket- oder Volleyballsport. Auszeit heißt dann, die Taktik zu überprüfen. In diesem Buch heißt Auszeit, die Strategie des Lebens zu überdenken. Konfrontiert mit den Schönheiten, aber auch der Gewalt der Natur wird dem kleinen Zwist daheim die Bedrohung genommen. Dieses Buch lädt ein zum Träumen. Der Traum ist dabei so wenig neu wie schön: Es ist der Traum von der Freiheit.«

Ulrich Porwollik
»WELT am SONNTAG«

**Auszeit**
25.000 Kilometer durch Südamerika
Taschenbuchausgabe
320 Seiten

www.highlights-verlag.de

»Was will man eigentlich vom Leben? Wo soll es hingehen? Auto? Haus? Karriere? Fragen, die sich auch Christian und Tanja Schulze stellten. Also kündigten die beiden ihre Jobs, gaben ihre Wohnung auf und fuhren los. Von Neuseeland über Australien, Malaysia, Thailand, Laos, Kambodscha, Nepal, Indien, Pakistan, Iran, Türkei und Griechenland zurück nach Deutschland. 15 Monate und knapp 50.000 km waren sie unterwegs. Ob sie eine solche Reise noch einmal machen würden, können sie eindeutig beantworten: Ja!«

Martin Schempp
»Highlights-Verlag«

**Himalaya & Co.**
Eine Motorradreise über die höchsten Pässe der Welt
Taschenbuchausgabe
232 Seiten, 35 Farbfotos

»Das Sympathische an dem Buch ist, dass die sieben umfangreichen Geschichten aus sieben Kontinenten nicht nur reine Biker-Lektüre sind; obwohl die Texte natürlich eine Menge Tipps enthalten und von mancher motorradtypischer Schwierigkeit erzählen, spiegeln sie vor allem Land und Leute der bereisten Regionen wider. Denn bekannterweise gibt es neben dem Motorrad keine andere motorisierte Fortbewegung, die unmittelbaren Kontakt und direktes Erleben auf so ungefilterte Art und Weise erlaubt.«

Tobias Opitz
»Süddeutsche Zeitung«

### 7 Kontinente
Motorrad-Abenteuer rund um den Globus
gebunden mit Schutzumschlag
336 Seiten, 32 Farbfotos

»Von einem Tag auf den anderen verändert sich das Leben zweier Afrika-Kenner dramatisch. Er gerät in die Gefangenschaft militanter Fundamentalisten, sie ist zu Hause und bangt um sein Leben.
In ihrem Buch »177 TAGE ANGST« schildern Sahara-Geisel Rainer Bracht und seine Ehefrau Petra die Vorgänge während der Geiselnahme in der algerischen Sahara aus zwei ganz unterschiedlichen Perspektiven.«

Martin Schempp
»Highlights-Verlag«

### 177 Tage Angst
Was in Algerien und zu Hause wirklich geschah
Taschenbuchausgabe mit Umschlagklappen
248 Seiten, 18 Farbfotos

www.highlights-verlag.de

»Das ist ein Buch von einem, der es versteht, seine Gedanken und Gefühle treffsicher zu Papier zu bringen, ein Text voller Emotionen. Es lebt vom unglaublich starken Kontrast zwischen Fahren und Fühlen, beginnend mit dem Wirklichkeit gewordenen Kindheitstraum vom Motorradfahren. Ein Buch, das so gefangen nimmt, dass man es von der ersten Minute an nicht mehr aus der Hand legt, bis es gelesen ist.«

Norbert Bauer<br>
»ENDURO«

**Ein Jahr, mein Motorrad und ich**
Über die Leidenschaft, Motorrad zu fahren
Taschenbuchausgabe
128 Seiten

»Vor allem die Beschreibungen über das, was beim Motorradfahren im Kopf passiert, beim Durchqueren von Landschaften, bei Begegnungen mit Menschen, machen dieses Buch lesenswert. Die Geschichte des Autors regt zum Nachahmen ein, Motorradfahren nicht als sportliche Herausforderung zu sehen, sondern als Mittel, die Augen und Ohren zu öffnen, genauer hinzuschauen. Dieses Buch zeigt, dass es nicht immer die große Tour, die Weltreise sein muss.«

Claudia Hülsmann
»MotorradABENTEUER«

**Tausche Bürostuhl gegen Motorradsattel**
In drei Monaten mit dem Motorrad rund um Deutschland
Taschenbuchausgabe
224 Seiten